Mädchen von heute sind selbstbewußt, entscheiden frei und nach eigenem Gusto – egal ob in der Liebe oder im Beruf. Doch es ist nicht lange her, da waren die Perspektiven junger Frauen meist beschränkt auf Heim und Herd. Wie sich das im Laufe des 20. Jahrhunderts verändert hat, davon erzählen Tagebuchaufzeichnungen, Briefe und Erinnerungen, u. a. von Senta Berger, Ulla Hahn, Irmgard Keun. Sie zeigen, wie wir, unsere Urgroßmütter, Großmütter, Mütter und Töchter, von unserer jeweiligen Zeit geprägt sind. Antonia Meiners hat ein Album mit Geschichten und Bildern zusammengestellt, das uns zeigt: Die Mädchen, die unbeirrt ihren eigenen Weg gehen, haben den Wind im Rücken!

Antonia Meiners, geboren in Bamberg und aufgewachsen in Berlin, studierte in Ostberlin Kulturwissenschaften, nach ihrem Wechsel 1977 nach Westberlin Germanistik und Theaterwissenschaft. Sie arbeitet als freie Lektorin und veröffentlichte zahlreiche Bücher, u. a. im Elisabeth Sandmann Verlag. Im insel taschenbuch erschien 2013 der von ihr und Claudia Lanfranconi verfaßte Band *Kluge Geschäftsfrauen,* 2014 *Wir haben wieder aufgebaut.*

Senta Berger hat nicht nur auf der Bühne, sondern auch im Film große Erfolge gefeiert und ist mit zahlreichen Preisen geehrt worden. Sie hat in über hundert Kinofilmen und u.a. auf den traditionsreichen Bühnen von Hamburg, Berlin und Wien gespielt. Als Mona in *Kir Royal* und als *Schnelle Gerdi* gewann sie die Gunst des Publikums. 2006 erschien ihre Biographie *Ich habe ja gewußt, daß ich fliegen kann.*

insel taschenbuch 4355

Antonia Meiners (Hg.)

Kluge Mädchen

Diese Ausgabe basiert auf der 2012 erschienenen gekürzten Sonderausgabe des Elisabeth Sandmann Verlags.

Erste Auflage 2015
insel taschenbuch 4355
Insel Verlag Berlin 2015

Vertrieb durch den Suhrkamp Taschenbuch Verlag

Umschlag, Innenseiten und Satz:
Pauline Schimmelpenninck Büro für Gestaltung, Berlin
Druck: *CPI – Ebner & Spiegel, Ulm*

Printed in Germany
ISBN 978-3-458-36055-1

Antonia Meiners (Hg.)

Kluge Mädchen

oder wie wir wurden, was wir nicht werden sollten

Mit einem Vorwort von
Senta Berger

Insel Verlag

Inhalt

Senta Berger mit 14 Jahren

Mädchenjahre

Vorwort von Senta Berger

Wo ist mein kleines Mädchen geblieben«, fragte mich mein Vater kopfschüttelnd, »das liebe Mädchen, das du einmal warst?« Eigentlich fragte er nicht mich. Sondern sich. Ich hätte ihm auch keine Antwort geben können. Ich war dreizehn. Meine Kinderhaut war gerissen. Es schmerzte. Es schmerzte mich mehr als meinen Vater, der meine Häutung mit Staunen und mildem Tadel verfolgte, während ich sprachlos vor Entsetzen in die schwierigste Zeit meines Lebens stürzte.

»Mädchenjahre« – das ist ein so schönes, ein zartes Wort, wie ich empfinde. Ich habe das Wort »Mädchen« immer schon geliebt. In meinen Vorstellungen klingt es nach Romantik und Realität, nach Schutzlosigkeit und Streitbarkeit. Nach Widersprüchen. Das mag auch daran liegen, daß mir mein ungarischer Zeichenlehrer in der Schule, während er mir geholfen hat, eine Rötelzeichnung meiner Katze auf weichem, dünnem Nachkriegspapier zu verbessern, sagte, daß mein Name, »Senta«, ein ungarischer Name aus dem frühen Mittelalter sei und die Bedeutung hätte: das Mädchen, das in den Krieg zieht. Ich war dreizehn und lebte zu Hause. Ich zog in keinen Krieg und entdeckte doch jeden Tag ein neues Land, einen unbekannten Kontinent, der mich faszinierte und anzog und auf dem ich überleben oder umkommen mußte.

Für die Überfahrt war ich hinaufgetragen worden und ausgerüstet mit den besten Eigenschaften meiner Kindheit: mit Kraft und Neugierde, begleitet von Erwartungen an das Leben und von der Sicherheit, daß mir Wunderbares geschehen werde. Hinabgezogen wurde ich all die Mädchenjahre lang durch bittere Zweifel, nicht zu genügen, nicht gescheit genug, nicht begabt genug, nicht schön genug zu sein. Einfach nicht genug! Und den Menschen, die immer selbstverständlich Erwartungen in mich gesetzt hatten – die ich als kleines Mädchen auch mühelos erfüllen konnte: meinem Vater, meiner Mutter, meiner Ballettlehrerin –, denen wich ich aus und nahm ihnen ihre Haltung mir gegenüber übel. Nichts war mehr selbstverständlich. Aber wußte ich das nicht besser als irgendeiner von ihnen?

Die Veränderungen meines Körpers – mit wem konnte ich darüber sprechen? Nach der Schule, wenn ich alleine zu Hause war, zog ich mich aus und betrachtete meinen Körper ganz genau. Die spitzen Knie und Ellenbogen, den rotbraunen Flaum meiner Schamhaare, das Geschlecht selbst, das sich auf erschreckende, aufregende Weise zu verändern begann, die Brustwarzen, die Tag für Tag größer, dunkler, gewölbter wurden – unbegreiflich.

Das Geheimnis meines kleinen Mädchenkörpers hatte ich schon erfahren. »Jetzt bist du eine Frau«, sagte meine Mutter und gab mir eine Art Strumpfhalter, den sie aus Leinen selbst genäht hatte und in dessen Mittelteil man eine Binde einlegen konnte. Es waren ja die Fünfzigerjahre. Über Tampons – falls es sie in Europa schon gab – wurde nicht gesprochen. Oh, wie ich dieses Wort haßte: Damenbinde. In den Straßenbahnen sah man auf kleinen Anzeigetafeln Werbung für Damenbinden. Die Farbzeichnung einer wunderschönen Frau mit rotem Lockenkopf, die für »Senta Damenbinden« warb. Ausgerechnet! Meine Schulfreundinnen neckten mich damit. Und später, schlimmer noch, meine ersten Freunde. Ich haßte nicht nur das Wort, ich haßte, was ich im Zusammenhang damit erlebte. Auf der Bank im Turnsaal sitzen, während »meine Mannschaft« beim Völkerballturnier verlor. Klar, ohne ihre Kapitänin. Im Ballettunterricht, wo es härter, rücksichtsloser zur Sache ging – Gott sei Dank, sagte ich mir, diese Binde kann mich doch nicht zum Krüppel machen –, wurde ich trotzdem für einige Übungen nicht zugelassen, »aus Sorge für meinen

Körper«, wie meine Lehrerin sagte, die offenbar mehr Ahnung von ihm hatte als ich.

Meine Mutter sagte: »Jetzt kennst du deine Bestimmung.« Es wäre besser gewesen, sie hätte gesagt: »Jetzt kennt dein Körper deine Bestimmung…« Denn ich hatte nur eine Ahnung von meinem Schicksal, auf das mein Körper mich vorbereiten wollte. Und als der Nachbarsjunge, der Norbert, in den ich überhaupt nicht verliebt war – ja, mich niemals in ihn hätte verlieben können, dazu kannten wir uns einfach zu gut –, mich sehr umständlich, als würde er im Geiste noch einmal die diesbezüglichen Anleitungen von Dr. Sommer in BRAVO durchgehen, küßte, tief, mit der Zunge, und ich nach Hause rannte, in die Küche stürzte, um zwei, drei Gläser kaltes Wasser zu trinken, um diese Zunge auszulöschen, und zwischen Trinken und Husten schrie, »der Norbert, der Norbert, der hat mich…«, bekam ich von meiner Mutter ohne Vorwarnung eine Ohrfeige. Eine Ohrfeige von meiner Mutter, die sagen sollte: Nimm dich in Acht. Nun bist du kein Kind mehr. Du bist eine Frau. Du kannst Kinder bekommen. Ich war dreizehn. Ich begann, sehr viel zu lesen, und brachte aus der Städtischen Gemeindebibliothek kiloweise abgegriffene Bücher nach Hause. Schon als kleines Mädchen habe ich so viel gelesen, daß meine Mutter mich besorgt zu unserem Kinderarzt brachte. Das Gespräch zwischen den beiden im Ordinationszimmer durfte ich nicht hören. Ich mußte im dunklen Wartezimmer mit Lesezirkeln zwischen Gummibäumen warten. Der Herr Dr. Piringer legte mich dann mit sehr ernster Miene auf eine kalte Lederliege und fragte sanft: »Was machst du denn, Senta, wenn du so lange auf deinem Bett liegst und liest?«

Über diese Frage mußte ich lachen. Ich erinnere mich genau. Ich dachte, es wäre eine Art Fangfrage, Prüfungsfrage, wie sie in der Schule gestellt wird. »Lesen, Herr Doktor, Seite für Seite – und dazu stell ich mir die Bilder vor.«

»Aha. Und sonst machst du nichts?«

»Nein, was soll ich denn sonst machen? Außer denken und mir vorstellen, ich selbst wäre Alice. Die ›Alice im Wunderland‹«, erklärte ich.

Die beiden Erwachsenen blickten – so habe ich es in Erinnerung – schuldbewußt zu Boden.

Das Lesen hat mich in meinen Mädchenjahren gerettet. Es hat mich in meinen besten Anlagen ermutigt und in meinen vagen, noch unsicheren Ansichten und Meinungen bestärkt. Auch darin, daß ich nicht unrecht hatte, mir die Freiheit zu erkämpfen, meinen Beruf zu wählen, mich nicht zu fügen und schon gar nicht den Gewohnheiten meiner Familie: »A Madl soll was Praktisches lernen.« Ich war sechzehn und begann, Gedichte zu lesen und mich nach ihren Inhalten zu sehnen: »Mir träumte einst von wildem Liebesglühen ... von süßen Lippen und von bittrer Rede ... «

Ach Heinrich – lieber Heinrich von Kleist, Vertrauter – viel vertrauter als meine gute Mutter. Ihr hatte ich doch immer alles anvertraut – das war jetzt vorbei. Je mehr sie bereit war, mich anzuhören, mich zu verstehen, um mein Vertrauen warb, desto verschlossener wurde ich. Mein Leid, mein Glück sollte mir gehören. Das Glück meiner ersten großen Liebe, meiner ersten Leidenschaft und Hingabe, mein Schmerz über Lüge und Betrug. Über Untreue. Auch meiner.

In diesen widersprüchlichen Zeiten meiner »Mädchenjahre« lernte ich mehr als jemals später in meinem Leben. Ich schärfte meine Sinne. Ich lernte, auf meine Unterscheidungsfähigkeit zu vertrauen. So vieles wußte ich damals nicht und wußte es in dieser Zeit doch sofort.

Ich begann, das Unglück der Erwachsenen zu sehen. Nicht nur bei mir zu Hause. Vater und Mutter wurden plötzlich in ihrem Unglück, in ihrem ehelichen Streit, in ihrem Kampf mit den täglichen Sorgen, viel kleiner, als sie es wirklich waren – meine Wahrnehmung als unabhängige Dritte, als die ich mich gerne gesehen hätte, rückte sie mit einem Brennglas in die Ferne.

Meine Auseinandersetzungen mit ihnen über meine Lebensvorstellungen, über meinen Beruf – »selbstverständlich gehe ich zum Theater« – gewannen dadurch an Bedeutung, daß ich nicht mehr trotzig frech sein mußte – also nicht nur –, sondern als jemand ernstgenommen wurde, der einen Traum wahr werden lassen will und kann, für den dieser Weg leicht ist oder zumindest scheint, ein Weg, den ich aus Unwissenheit mutig gehen wollte.

Das beste, was ich heute über meine »Mädchenjahre« sagen kann, ist, daß sie mir geblieben sind. Ich erinnere mich an diese Jahre mit

Zärtlichkeit diesem Mädchen gegenüber, das ich einmal war. Ihre Eigenschaften sind mir nicht fremd. Nicht ihre Neugierde, ihre Vertrauensseligkeit, ihre unbekümmerte Sicherheit und ihre verzweifelte Unsicherheit – ihre Erwartungen an das Wunderbare im Leben. Keine ihrer widersprüchlichen Anlagen sind mir fremd geworden. Sie sind da. Immer noch. Ich habe, als angeblich erwachsene Frau, gelernt, mit ihnen umzugehen. Die guten ins Töpfchen, die schlechten ins Kröpfchen. Wo ist das kleine Mädchen, das du einmal warst, Senta?

Hier ist es, hier.

Die gute Partie
oder
der eigene Weg

1900 – 1918

Zeitblende

»Friedenszeiten« im Kaiserreich • Attentat in Sarajewo auf Erzherzog Franz Ferdinand • Erster Weltkrieg • Schweiz bewahrt Neutralität während des Krieges • Ende der Kaiserreiche in Deutschland und Österreich • Frauen in Österreich dürfen seit 1900 Medizin und Pharmazie studieren • In Berlin gründet sich der »Weltbund für Frauenstimmrecht« • 1905 initiiert die Frauenrechtlerin Helene Stöcker den »Bund für Mutterschutz und Sexualreform« • Die italienische Reformpädagogin Maria Montessori eröffnet das erste Kinderhaus • 1908 gewährt Preußen als eines der letzten Länder des Deutschen Reiches Frauen die Zulassung zum Universitätsstudium • In den Kriegsjahren übernehmen immer mehr Frauen die Arbeit der Männer • 1918 erhalten deutsche Frauen das Wahlrecht • Gewerkschaften in der Schweiz fordern 1918 das Frauenstimmrecht

Pauline, um 1905

Was treiben denn die Mädchen?
Die Kleinen pflegen Puppen,
die Großen kochen Suppen
und spinnen leer den Rocken
und stricken warme Socken;
sie nädeln, bügeln, waschen
und putzen Glas und Flaschen.

Sie scheuern Tisch und Bänke
und ordnen wohl die Schränke,
sie flechten fein die Zöpfe
und spülen rein die Töpfe.
Sie müh'n sich ab nach Kräften
in häuslichen Geschäften.

Wer so schafft, wird fürs Leben
die beste Hausfrau geben.

Ein kleines Mädchen,

das des Morgens bei Büchern in der Schule gesessen und andere Geistesarbeit vollbracht hat, sollte am Nachmittag auch mit seiner Puppe oder im Freien spielen dürfen. Wozu eine Menge eingepfropften Wissens für unser Töchterchen? Wozu jenes Übermaß im Hinblick auf die Stellung, die es dereinst im öffentlichen Leben einnehmen kann und darf? Daß eine Frau schwere mathematische Aufgaben löse, daß sie in verschiedenen Sprachen bewandert sei und schöne Verse mache – das allein wird in den seltensten Fällen das Glück der Familie begründen – ja zuweilen mag es gerade den Untergang derselben herbeigeführt haben. Doch ein gesunder und fröhlicher Geist, ein reines kindliches Gemüt sind gar herrliche Dinge, welche weit sicherer häusliches Wohlbefinden schaffen und fördern.

Aus: »Vorbereitung auf das Leben«, um 1900

Ausbildung des Geistes und des Herzens

Die Erziehung des Mädchens zur praktischen Hausfrau darf aber keineswegs auf Kosten der Ausbildung des Geistes und des Herzens erfolgen; eine tüchtige Gattin kann einer tief geistigen Durchbildung nicht entraten. Eine Frau, die tief unter dem geistigen Niveau ihres Mannes steht, droht zu dessen Haushälterin, dessen Dienstmagd herabzusinken ... Man bekämpft ja gegenwärtig vielfach die gründliche Vorbildung der Mädchen zu tüchtigen Hausfrauen und Müttern mit der Begründung, daß es sehr ungewiß sei, ob jedes Mädchen auch wirklich einmal Frau und Mutter wird, daß es daher notwendiger erscheine, ihm eine tüchtige Berufsbildung zu bieten, die ihm auch für den Fall bleibender Selbständigkeit zur sorgenfreien Selbsterhaltung verhilft. Wir können dieser Anschauung nicht beipflichten. Unter den gegenwärtigen Zeitverhältnissen wird die volle Selbständigkeit des Mädchens immer nur ein Notanker bleiben, während der Ehestand naturgemäß das wahre Ziel des Frauenlebens bildet.

Aus: »Das Blatt gehört der Hausfrau«, 1901

Aus der Vorstellung »kleiner, nicht ausgewachsener Fisch« erklärt sich die in der Schriftsprache vorherrschende Bedeutung »Mädchen in der Pubertätszeit«. Sie ist in der Studentensprache ausgebildet worden. Im Anschluß an »Baccalaureus« bezeichnet »Backfisch« hier zunächst einen unreifen Studenten. Schon 1555 jedoch steht es auch für »halbwüchsiges Mädchen«: Backfischlein, *puella virgunculae dictae,* halbgewachsener Frischling, Backfischlein.

Aus: »Trübners Deutsches Wörterbuch«, 1935

Wilhelmine und Lili, um 1902

Backfisch – Erklärungsversuche

Früher, wo fast aller Unterricht für Mädchen mit der Confirmation nach dem vierzehnten oder fünfzehnten Lebensjahre abgeschlossen war, aber die eigentliche Gesellschaft, wie der Ballsaal, ihnen noch bis zum siebzehnten Jahre verschlossen blieb, war und galt diese Zeit als eine der unangenehmsten Stationen des Mädchenlebens, eine Übergangsperiode, die man fast überall mit dem spöttischen Namen des Backfischtums bezeichnete.

Wie wir erst neuerdings gehört haben, stammt diese Benennung von den Fischergestaden der Ostsee. Dort sondern die Fischer die in ihre Netze gegangene Beute in verschiedene Abteilungen ihrer Boote – die halb ausgewachsenen Fische werden in den Teil des Bootes geworfen, welcher »die Back« heißt, dort harren sie noch eine Zeitlang auf ihre Bestimmung, ob sie wieder ins Meer geworfen werden oder zum Verkauf und Gebrauch bestimmt werden. Die armen Fischchen wissen also in der Tat eine Zeitlang noch nicht, wohin sie gehören.

Aus: »Leitfaden für junge Mädchen«, 1895

Goldene Mädchenzeit

Abenteuerlust Als Lili Holstein von ihren Freundinnen vor der Ferienreise Abschied nahm, sagte sie: »Wißt ihr, was ich mir wünsche? Ein Abenteuer möchte ich erleben.« Die lachlustige Anni schrie laut los vor Vergnügen, und Gerda, das Schwärmsuschen, flüsterte träumerisch: »Ja, ich auch!« »Na, natürlich möchte ich auch ein Abenteuer erleben«, rief Anni, »irgend etwas Heldenhaftes möchte ich tun, einem Menschen das Leben retten, einen Zug vor dem Entgleisen bewahren oder so etwas.«

»Ja, irgend etwas Wunderbares, Außergewöhnliches müßte es sein«, meinten die beiden andern, und dann wurden alle drei still, schauten mit großen, sehnsüchtigen Augen in die Weite, als wäre ihr heiteres, sonniges Mädchenleben ganz grau und düster. Sie vergaßen ganz, daß sie eigentlich zusammengekommen waren, um miteinander einen Flicknachmittag zu halten, den die Mütter als notwendig vor den Ferien erachtet hatten. Freilich hatten auch die Mütter übereinstimmend gesagt: »Setzt euch lieber allein hin und näht, denn wenn ihr drei zusammenkommt, verschwatzt ihr ja doch nur die Zeit.« Das stimmte, sie vergaßen alle hilfsbedürftigen Handschuhe und Strümpfe und unterhielten sich von lustigen Fahrten in die weite, weite Welt hinaus und von all dem Zauberhaften, Wunderbaren, was sie draußen erleben wollten.

Aus: »Das goldene Mädchenbuch«, 1910

Poldi und ihre Geschwister, um 1901

Vorbereitung auf das Leben, um 1910

Heute in der Religionsstunde ist die Schrötter Lisel, das ist der Liebling vom Herrn Katecheten, nein, wir müssen sagen Herr Professor, also sie ist der Liebling vom Herrn Professor, mit der Bibel zu ihm gegangen und hat ihn gefragt, was schwanger heißt. Bei der Maria steht das nämlich wirklich in der Bibel. Die Schrötter weiß nämlich noch gar nichts und die Kinder haben sie so lang aufgehetzt, bis sie gegangen ist und gefragt hat. Der Herr Professor ist ganz rot geworden und hat gesagt: »Wenn du es noch nicht weißt, so macht das nichts. Das lernen wir erst später, wir sind ja noch im alten Testament.«

Aus: »Tagebuch eines halbwüchsigen Mädchens«

Es ist ein greulicher Skandal bei uns wegen der Dora

Der Oswald hat dem Papa gesagt, daß sie beim Tennisspielen furchtbar kokettiert und das kann er nicht dulden. Der Papa hat wahnsinnig geschimpft und jetzt dürfen wir nicht mehr zum Tennisspielen gehen. Und am meisten hat sie geärgert, daß der Papa vor mir gesagt hat: So ein Fratz von vierzehn Jahren fängt schon an, sich den Hof machen zu lassen.

Aus: »Tagebuch eines halbwüchsigen Mädchens«

Ich bin sehr neugierig, was ich zu Weihnachten bekomme. Gewünscht habe ich mir: ein weißes Pelzwerk, nämlich Boa, Muff und ein Samtbarett mit dem gleichen Pelz verbrämt, Jackson-Schlittschuhe, weil die Meinen immer gleich locker werden, deutsche Heldensagen, nicht am Ende griechische; da möchte ich mich bedanken, Haarbänder, durchbrochene Strümpfe und wenn möglich eine goldene Nadel, wie die Hella sie zum Geburtstag bekommen hat. Aber der Papa sagt, die wird unserem Christkindl wohl ein bisserl zu teuer sein. Die Inspee wünscht sich ein Frontmieder. Aber ich glaube, sie bekommt es nicht, weil es ungesund ist.

Aus: »Tagebuch eines halbwüchsigen Mädchens«

Das Personal

Zur Schule in Holzpantoffeln

Jeden Morgen sechse ging das los nach der Schule, damit wir um sieben da waren. Und denn mit Holzpantoffeln. Ach, und so dunkel, der Wald so dicht, da haben wir Angst gehabt. Zwei Zimmer hatten wir, ein Wohnzimmer und ein Schlafzimmer, da schliefen wir alle fünf, das war früher so üblich. Manche haben viel mehr Kinder gehabt, uns ging's gut. Meine Mutter ist nachts um dreie aufgestanden, denn hat sie Essen zurecht gemacht, schön eingewickelt und ins Bette gestellt, damit's warm bleibt. Und mittags, nach der Schule, wir Kinder, das Essen in so'n Hundewagen rin, und los nach'm Feld. Wenn wir Ferien hatten, wissen Se, was wir machen mußten? Nach Feld, Roggen ernten, mit acht Jahren. Aber feste. Vater mäht mit der Sense, wir machen schöne Bunde, Mutter bindet ein hinterher. Und Kartoffeln buddeln. Nach Hause gekommen: Ach Vater, guck mal, ich hab heut wieder offene Hände. Denn hat Vater Pech genommen, heiß gemacht am Talglicht und ringemacht in unsere Wunden.

BERTA *aus: »Guten Morgen, du Schöne«*

Unterricht in einer Haushaltungsschule
für Höhere Töchter, um 1900

In dieser Zeit mußte meine Mutter viel liegen wegen Rückenschmerzen. Da wurden einzelne Stäubchen auf den Polituren der Mahagonimöbel viel sichtbarer als für den Blick des Aufrechtstehenden. Die Mädchen waren wütend, wenn sie, nachdem sie am Morgen schon einmal abgestaubt hatten, wieder hereingeklingelt und auf ihre Nachlässigkeit aufmerksam gemacht wurden. Die Rückenschmerzen, so hieß es damals, seien die Folgen meiner schweren Geburt. Ich glaube eher, daß es nichteingestandene Depressionen waren über das Leben, auf das sie sich eingelassen hatte, in dem sie nun gefangen war: das Leben einer deutschen Hausfrau, zu dem ihr die Voraussetzungen fehlten. Sie hatte sich in jugendlichem Idealismus dem »Dienst der Wissenschaften geweiht« (ihre eigenen Worte) und begründete ihren Entschluß, meinen Vater zu heiraten, eben damit.

MARGRET BOVERI *aus: »Verzweigungen«*

Lesen

Wir haben kaum Zeit zum Lernen vor Aufregung. Die Mama der Hella hat voriges Jahr zu Weihnachten mehrere Romane von Geyerstamm bekommen, und neulich liegt einer auf dem Tisch, und wie ihre Mama draußen ist, blättert die Hella schnell und liest den Titel »Frauenmacht«!!! Wie ihre Mama fertig war, schaute sie, wohin sie ihn im Bücherkasten stellt, und jetzt lesen wir ihn. Einfach großartig! Ich kann die ganze Nacht nicht schlafen; die Signe, die er so liebt und die ihn doch betrügt. Wir haben so geweint, daß wir nicht weiterlesen konnten. Und das Mädchen, das Gretchen, das so an ihrem Papa hängt; ja, ich kann das großartig begreifen, daß sie immer Angst hat, ihr Papa könnte diese ekelhafte Person, die Frau Elise, heiraten, die doch so schon einen Mann hat. Und wie sie dann stirbt, Gott, das ist so gräßlich und so schön, daß wir es dreimal hintereinander lasen. Ich hatte neulich ganz rote Augen vor lauter Weinen, so daß die Tante dann sagte, ich dürfe nicht soviel lernen.

Aus: »Tagebuch eines halbwüchsigen Mädchens«

Ich habe jetzt eine herrliche Geschichte gelesen; sie heißt »Ein treues Herz« und handelt von einem Mädchen, der ihr Bräutigam fortgehen muß, weil er einen anderen erschossen hat, der ihm aufgepaßt hat. Und die Rosa bleibt ihm treu, bis er zurückkommt nach zehn Jahren, und dann heiraten sie. Es ist großartig und zuerst furchtbar traurig. Solche Bibliotheksbücher lasse ich mir gefallen, aber die wir in der Volksschule hatten, die habe ich alle schon gekannt. Leider bekommen wir im Lyzeum nur alle vier Wochen ein Buch, weil die Frau Doktor sagt, wir haben so soviel zu tun, und wenn wir frei haben, sollen wir in die frische Luft gehen.

Aus: »Tagebuch eines halbwüchsigen Mädchens«

Hier ließen wir uns nieder mit Nähzeug und Stickerei und einem Buch zum Vorlesen. Ich widerstrebte dem Zuhören, dann war ich gefangen, dann las ich allein weiter: an diesem Tag und am nächsten und am übernächsten. Ich war für die Welt, den Hettstädter Hof, verloren, ich lebte nur noch in dem Buch: »Heidi«, von der Johanna Spyri, zwei Bände. Die Spyri-Bücher zu lesen und zu lieben habe ich nie mehr aufgehört; als sie 1945 in Würzburg und in Teupitz verloren gingen, suchte ich sie antiquarisch zu ersetzen.

MARGRET BOVERI *aus: »Verzweigungen«*

Elegante Welt:
Bildung – in Maßen – erwünscht

Absolventinnen des Instituts der Englischen Fräulein in Regensburg feiern ihren Abschluß, 1911

Lernen

Einmal erwartete Trude einen »blauen Brief«.
Aus Angst vor dem Vater beschlossen wir zwei, diesen
Brief abzufangen. Es gelang. Mit Herzklopfen
öffneten wir ihn und lasen:
»Wenn Ihre Tochter Gertrud ihre Leistungen in
Französisch und Englisch nicht wesentlich verbessert,
so wird sie das Ziel der Klasse nicht erreichen ...«
Wie gräßlich! Wir warfen den Brief sofort ins Feuer ...

MARGARETE *aus: »Mein Elternhaus«*

In die männlichen Gymnasien aufgenommen zu werden war undenkbar

In Würzburg hatte sich in den Universitätskreisen eingebürgert, daß die jeweils schulreifen Kinder zu einer Gruppe zusammengefaßt und in Privatstunden von einem Volksschullehrer unterrichtet wurden. Es ist anzunehmen, daß die Pleicherschule, die für uns zuständig gewesen wäre, uns mit schmutzigen Kindern zusammengebracht, ansteckenden Krankheiten und bösen Sitten ausgesetzt hätte, daß das mindestens für wahrscheinlich galt. Wir sollten vor den *four letter words* bewahrt werden.

Herr Großmann hatte sich bereit und fähig erklärt, uns bis zum Abschluß der Höheren Töchterschule zu bringen; mehr war für die große Zahl heranwachsender Mädchen in Würzburg sowieso nicht vorgesehen. Mein Vater hatte einmal nebenher gefragt, was ich vorhätte; wir standen am Fenster im Studierzimmer; ich sagte: »Selbstverständlich studieren« – und sah an seinem Gesicht, daß ihn das freute. Für meine Freundinnen war es nicht selbstverständlich. Nur eine dachte vorübergehend daran, zog es aber vor, in Miesbach die Gärtnerei zu erlernen.

MARGRET BOVERI *aus: »Verzweigungen«*

Es ist Krieg!

Als 1914 die ersten Siegesnachrichten eintrafen und die Kinder mit schwarz-weiß-roten Fähnchen durch die Straßen liefen und »Hurra« schrien, verbot uns das unser Vater. Er erzählte uns von den alten Griechen, die gelehrt hatten: Du sollst bei einem Siege stehen wie bei einer Trauerfeier.

EMMI BONHOEFFER *aus: »Essay. Gespräch. Erinnerung«*

Emmi Bonhoeffer, geb. Delbrück, Weihnachten 1917

Als es soweit war, lag ich schon im Bett. Meine Eltern waren aus. Plötzlich stürzte Bawet vom Küchenbalkon an meinem Zimmer vorbei, schrie: »Es ist Krieg!« *und rannte zur Wohnungstüre hinaus. Sie hatte einen Liebsten in der Kaserne jenseits des Mains. Ich riß mein Nachthemd herunter, ein gelbes Kleid über den Kopf, nichts drunter an, rannte die Treppen hinunter, zog mein Rad aus dem Vorkeller, fuhr los in ein Gewühl von Menschen. Das war mein Kriegsanfang: Hitze, Getöse, die einbrechende Dämmerung, die dunklen Bäume am Ende des Glacis, die Brücke, dicht gedrängt und bewegt, das Kleid, das hochfliegen wollte, durch einen tief sitzenden Gürtel kaum gehalten – niemand hätte es bemerkt, alle waren mit sich beschäftigt, alle waren außer sich, murmelnd, schreiend, und ich war mitgerissen und erhoben als ein Teil von ihnen allen. Am nächsten Tag war die Welt verwandelt. Durch unsere Straßen zogen Züge um Züge von Soldaten. Sie waren auch verwandelt, nicht mehr in Blau, das ihnen so gut stand – in Feldgrau. Jedermann wollte mittun, beitragen. Wir Kinder leerten unsere Sparkassen, kauften Zigaretten für die Soldaten. Unsere Mädchen standen mit Sträußen an der Straße. Manche weinten, wenn sie den ihrigen auf einer Protze erkannt hatten. Die Väter gingen zur Bank, spendeten Geld für den Krieg, mein Vater aber auch für die Bevölkerung von Höfen. Er wußte gleich, daß sie es schwer haben werde. Die Mütter in weißen Schürzen lösten sich am Bahnhof ab, Tag und Nacht, strichen Bröder, schenkten Kaffee ein. Nun standen die Kommerzienrätinnen vom oberen Ende der Bismarckstraße einträchtig neben den Professorenfrauen. »Ich kenne keine Parteien. Ich kenne nur ein Volk.«*

MARGRET BOVERI *aus:* »*Verzweigungen*«

links: Werbepostkarte für den Vaterländischen Hilfsdienst, um 1916

rechts: Clara im Musselinkleid, um 1910

Sehnsucht

Die Ada schwärmt furchtbar vom Theater. Sie war öfters in St. Pölten im Theater und ist in einen Schauspieler verliebt, in den alle Damen in St. Pölten verliebt sind. Deshalb will sie zum Theater gehen und weil sie frei und ungebunden leben will. Darum möchte sie so gerne nach Wien kommen. Wenn sie nur bei uns wohnen könnte. Sie sagt, sie verschmachtet in dem öden Nest, in H. Sie verträgt die engen Verhältnisse nicht!! In St. Pölten hat sie ihr ganzes Taschengeld für Blumen für ihn ausgegeben. Für ein paar Monate möchte ich ganz gern einmal weg von zu Hause. Die Ada sagt, das ist sehr gut, da lernt man erst die Welt kennen; zu Haus versumpft und verdumpft man nur. Wenn sie so spricht, da sieht sie wirklich wie eine Schauspielerin aus, und Talent hat sie bestimmt; das sagt auch ihr Deutschlehrer in der Schule. Sie durfte immer die längsten Gedichte deklamieren, und die Kinder baten immer den Lehrer, daß sie aufsagen dürfe.

Aus: »Tagebuch eines halbwüchsigen Mädchens«

Mädchen-Wandergruppe, um 1913

Eine neue Romantik

Karl Ludwig Guttenberg tauchte auf, sagte, wir müßten bei der Jugend anfangen, eine neue Erziehung aufbauen. Dasselbe sagten Alma und Kreiner; sie hatten inzwischen geheiratet, sahen sich als künftige Leiter der Sophienschule, wollten einen neuen Geist einführen. Ein Jugendbund entstand. Wer hat ihn gegründet, wer hat ihm den Namen gegeben? Ich weiß es nicht. Ich war eine der Führerinnen, hatte eine Gruppe aus einer Klasse von Dreizehnjährigen. Wir Älteren kamen regelmäßig abends mit Alma zusammen, lasen Fichtes »Reden an die deutsche Nation«, eine schwierige Lektüre. Wir machten Fahrten. Bei der ersten, die ich führte, mußte noch eine Lehrerin dabei sein, die Englischlehrerin, im Grunde eine gütige, ältere Person. Aber Aufmucken gegen das Alter gehörte zum Stil: so sangen wir besonders laut: »Die Gedanken sind frei«. Im Herbst ein Lagertreffen, Zelte, Feuer, Romantik. Bei der zweiten sommerlichen Fahrt mit meiner Gruppe war ich Studentin, führte allein. Wir besuchten die alten Mainstädte, Ochsenfurt, Marktbreit, alles zu Fuß, schliefen auf Heuböden, kratzten unreife Kartoffeln aus den Feldern, brieten sie in Asche. Die Mädchen schwärmten mich an. Ich wurde mir bewußt, daß ich mit ihnen hätte anfangen können, was ich wollte. Und ich erkannte, daß ich genau das nicht wollte. Warum, wußte ich erst, als es ans Lehren ging. Dieses Wissen: ich könnte führen, könnte begeistern und mitreißen, aber ich will es nicht, mag ein Erbteil von meinem Vater gewesen sein. Einer seiner Mitschüler aus der Gymnasialzeit hat beschrieben, daß die damaligen Primaner bereit gewesen wären, ihm zu folgen; er enthielt sich. Für mich war diese Erfahrung einer der Gründe, warum ich mich zurückzog. Der andere war ein antisemitischer Vorfall. Wir hatten genug Geld beisammen, um für unsere Zusammenkünfte ein Kellerlokal zu mieten. Jedesmal gab es etliche Neuanmeldungen. Kassiererin war Herta: an einem Tisch in der dunkelsten Ecke trug sie die neuen Namen in ein Buch ein. An diesem Abend merkte ich nichts, ging vielleicht früher nach Hause. Am nächsten Morgen platzte Hertas Empörung: »Ich habe nicht die Absicht, Mitglied eines Judenvereins zu sein.« »Was ist denn los?« »Drei Manassemädchen haben sich einschreiben lassen, gleich drei auf einmal, so eine Frechheit!« »Warum hast du sie denn dann aufgenommen?« »Es war so dunkel, ich konnte sie kaum sehen. Ich konnte doch auch nicht sagen ›wir wünschen euch nicht‹.« Die Wellen gingen hoch. Alma war, wie ich annehme, in einem schweren Konflikt. Im Gegensatz zu den katholischen, meist klösterlichen Mädchenschulen Würzburgs hatte die private Sophienschule die Töchter der besten jüdischen Familien. Einen solchen Kreis von Schülerinnen durfte sie nicht verlieren. Alma mußte sich jeder antisemitischen Äußerung enthalten. Und war doch schon damals auf der Gegenseite?

MARGRET BOVERI *aus: »Verzweigungen«*

Kurze Röcke, kurze Haare, kurze Freiheit

1919–1932

Zeitblende

Gründung der Weimarer Republik • 1919 Allgemeines Frauenwahlrecht in Österreich • Im Januar 1920 tritt der Frieden von Versailles in Kraft • Volksabstimmung in der Schweiz; die Mehrheit stimmt gegen das Frauenwahlrecht • Im Deutschen Reich werden ab 1920 Frauen zur Habilitation zugelassen • Frauen beteiligen sich erstmals an den deutschen Leichtathletikmeisterschaften • 24. Juni 1922: Ermordung des deutschen Außenministers Walther Rathenau durch rechtsextreme Antisemiten • Ende 1923: Auf dem Höhepunkt der Inflation kostet 1 Kilo Roggenbrot 470 Milliarden Mark • Einführung des Schilling statt der Krone in Österreich • Immer mehr Frauen arbeiten in den Büros der Städte • 1925 sind in Deutschland 11,6 Millionen Frauen erwerbstätig, die meisten davon als Arbeiterinnen • 1929 fordern eine Viertelmillion Schweizerinnen und Schweizer in einer Petition die Einführung des Frauenstimmrechts, die Forderung wird jedoch ignoriert

Blumen für die Reichswehr im oberschlesischen Kreuzburg. 1922 wurde Oberschlesien als Folge des Versailler Friedensvertrags zwischen Polen und Deutschland aufgeteilt.

Wir haben Besatzung ...

Apfelsinen haben die Engländer und Custard Powder. Alle sprechen Englisch, als wenn nichts dazu gehöre, wir Kinder haben es auch schon gelernt. Ich kann sogar schon drei verbotene Flüche und das Lied von »Little Tom Tucker« und »To bed, to bed says sleepy head ...«. Nach Uniform riechen die Engländer, nach Zigaretten und Pferden. Sofort rieche ich unter vielen Leuten einen Engländer heraus, ich brauche gar nicht hinzugucken.

Die Engländer sind keine Feinde mehr, wir haben nämlich Frieden und Butter und Fleisch und Ostereier aus Marzipan und Hasen aus Schokolade. Glauben kann man überhaupt nichts mehr. Unsere Klassenlehrerin hat nach dem Waffenstillstand gesagt, wir sollten die Engländer fürchten und nicht beachten, weil sie mit dem perfiden Albion zusammenhingen.

Wir sollten Würde bewahren und auch nicht mehr auf der Straße spielen. Sie dachte wohl, der Feind würde uns auf der Straße erschießen oder stehlen. Natürlich war wieder nichts davon wahr. Kein Engländer hat Interesse daran, Kinder zu stehlen, sie haben selbst welche. Sie verschenken sogar Kinder. Ich habe selbst gehört, wie Elise der Tante Millie erzählt hat, das Mariechen Heuser vom Hausmeister bekäme ein Kind von einem englischen Sergeanten. Elise weiß immer genau, was in der Nachbarschaft vorgeht. Das Mariechen ist groß und dick mit kunstvoll aufgetürmten Locken und mit roten Backen wie Mohnblumen. Jetzt weint sie manchmal, weil verschiedene Leute eklig zu ihr sind, denn man soll von den Engländern nichts annehmen und sich nichts schenken lassen aus Stolz. Dabei sind alle froh, wenn sie was kriegen. In unserer Waschküche haben die Engländer eine Kantine – da sind Hunderte von Kindern, immerzu, man kann sie nicht zählen. Sie essen echtes Weißbrot mit Jam und nehmen Suppe mit, da sind richtige Fleischstücke drin – die Frau Meiser sagt, das wäre die reinste Friedensware. Und alle Mütter tun, als wüßten sie nicht, daß die Suppe von den Engländern ist.

IRMGARD KEUN *aus: »Das Mädchen, mit dem die Kinder nicht verkehren durften«*

Konventionen

Meine Mutter war noch sehr der Konvention verhaftet, und vieles von dem, was sie sagte, empfand ich schon in jungen Jahren als Klischee. Eines Tages erklärte sie im Hinblick auf eine sehr gescheite Frau, die sich des längeren über Oswald Spenglers »Untergang des Abendlandes« ausgelassen hatte, ganz apodiktisch: »Frauen sind gar nicht imstande, Spengler zu verstehen.« Mich ärgerte das sehr, und ich beschloß, sobald ich groß sein würde, Spengler zu lesen – daß ich ihn verstehen könnte, schien mir unzweifelhaft, denn warum sollten Frauen beschränkter sein als Männer. Allerdings hatte ich ein paar Mal erlebt, daß weibliche Besucher nicht in der Lage waren, sich einen Zug im Kursbuch selber herauszusuchen, was ich recht beschämend fand.

MARION GRÄFIN DÖNHOFF *aus: »Bilder, die langsam verblassen«*

... warum sollten Frauen beschränkter sein als Männer?

Mutige junge Frauen dringen in berufliche Domänen der Männer vor

Das Recht zu entscheiden, ja oder nein zu sagen

Meine Kindheit war unstet, einsam und verwirrend; feste Figuren waren Kindermädchen, gelegentlich mein Vater, was wunderbar war, und ab sieben Jahren meine Mutter, als wir endlich wieder im eigenen Haus an der Ostsee waren.

Ich erinnere mich nicht an Puppen und Spielzeug, sondern immer an Bücher, wie die meiner Kinderzeit, die ich noch besitze; auch heute liegt mir mehr an meinen Büchern als an sonstigem Besitz.

Ich wurde wenig beaufsichtigt und nutzte die Freiheit zu langen Spaziergängen zu jeder Jahreszeit. Dieses schöne und freie Leben hörte auf mit dem Tod meines Vaters. Mit zehn Jahren verließ ich das große Haus an der Ostsee und zog für zwei unglückliche Jahre nach Berlin; meine erste Einschulung in einer Mädchenschule war katastrophal, so daß meine Mutter auf den Rat von Verwandten mich ins Internat nach Salem schickte, wo mein Leben mit zwölf Jahren richtig anfing.

Endlich gehörte ich zu einer Gemeinschaft, in der Erwachsene und Kinder ihren Platz hatten und wo feste Regeln unser Leben bestimmten. Auf dem Lande waren Tiere ebenso wichtig – vielleicht sogar oft wichtiger als Menschen gewesen; in Salem bekam ich Freunde, deren Leben ich teilte, die mir wichtiger wurden als meine Familie und für die ich bereit war, Opfer zu bringen. Unser Leben wurde ganz von dem Zusammenleben und dem Geist der Schule bestimmt. Salem gehörte zu den Landschulheimen, die eine freiheitliche progressive Erziehung der Kinder befürworten; in Salem und in der Odenwaldschule waren auch Mädchen. Das Salemer Leben wurde von den genialen Erziehern Kurt Hahn und Marina Ewald bestimmt.

Hahn war in seiner Jugend tief beeindruckt von einem Aufenthalt in Oxford gewesen und hatte manches vom englischen System in Salem übernommen; es gab den Ansatz eines Schülerparlaments, dessen Meinung ernst genommen wurde, wie überhaupt Kritik und Diskussion der Regeln erlaubt waren. Wir wurden zur Selbstverantwortung, aber vor allem zur

Alice von Platen (2. von links) während ihrer Schulzeit in Salem

Verantwortung für die Gemeinschaft erzogen; man mußte oft auf eigene Wünsche verzichten, wenn Hahn sie nicht billigte! Hahn erzog uns im Sinne einer liberalen Politik, und wir glaubten alle an das neue Deutschland, in dem wir aufwuchsen. Fortschrittliche Jugendgruppen gab es damals in den zwanziger Jahren überall in Deutschland, was häufig übersehen wird, da die rechtsextremen Gruppen bald von sich reden machten und viele die Weimarer Republik ablehnten. In Salem gab es Diskussionsabende über weltanschauliche und geschichtliche Themen, die uns sehr bewegten; ich erinnere mich an eine besonders heftige Debatte, bei der Golo Mann für und Hahn gegen den Pazifismus sprachen.

Ich verließ Salem 1928. Die Schule brachte mir das große Erlebnis des Lebens in und mit der Gemeinschaft, aber auch das Recht, zu entscheiden, ja oder nein zu sagen.

ALICE RICCIARDI-VON PLATEN

Die Kinderschürze

Der Schutz der Kinderkleidung durch Schürzen ist ein im 19. Jahrhundert auftretendes Phänomen. Kleine Mädchen trugen insbesondere sonntags weiße Schürzen. Mit ihrer Sauberkeit konnte auch in sozial niederen Schichten bürgerlichen Reinlichkeitsmaßstäben entsprochen werden, die sich seit dem ausgehenden 18. Jahrhundert herausgebildet hatten. Die Schürze galt als sichtbares Zeichen des Arbeitens und bereitete kleine Mädchen früh auf ihre spätere Rolle als Hausfrau oder Dienstmädchen vor. War sie in der Mode bereits im 18. Jahrhundert abgelegt worden, so behielt sie in der ländlichen Kleidung noch länger ihren Platz. Im Verlauf der ersten Hälfte des 20. Jahrhunderts entwickelte sie sich zum typischen Kleidungsstück für Kinder beiderlei Geschlechts. Schulschürzen sollten die Kleinen vor Überheblichkeiten und Eitelkeiten gegenüber den Mitschülern bewahren. Ob Apfelernte, Spielen, Basteln oder Schneemannbauen, die Schürze bildete den unabdingbaren Kleiderschutz für Jungen und Mädchen.

Die 1928 in Ansbach geborene Lotte, Tochter eines Arztes, trug zu Beginn der 1930er Jahre eine Schürze aus Gminder-Halblinnen mit roten Handdruckmotiven. Die Mutter des Kindes wählte den mit Tiermotiven bedruckten Stoff aus, weil er sich deutlich von der angebotenen Massenware abhob. Das Schürzchen bezog sie wohl direkt beim Hersteller der Druckstoffe: Christian Deutsch in Schwäbisch Hall. Dieser machte schon seit Mitte der 1920er Jahre Werbung für seine Erzeugnisse in der sich an konservative Frauenkreise richtenden Zeitschrift *Neue Frauenkleidung und Frauenkultur*. Die Stoffe aus Schwäbisch Hall muten vielfach expressionistisch an.

Die Firma warb in dem von ihr herausgegebenen Heft *Stoff und Kleid. Zeitschrift für artgemäße Stoffe für Kleid und Heimschmuck* 1933/34 mit dem so genannten »Tierlesstoff«. Er wurde vorzugsweise zu Kinderschürzen und -kleidern verarbeitet.

Wie schnell der Stoffverlag die nationalsozialistische Propaganda nutzte, um möglicherweise die Umsätze zu erhöhen, geht aus der Einleitung seiner Broschüre hervor, wobei der Familienname schon zu allerlei deutschtümelnden Wortspielereien Gelegenheit bot. So las man: »Wir möchten behaupten, daß man an dem Verhalten einer Frau zu echt deutschen Stoffen, beispielsweise zu den Deutsch-Handdruckstoffen, den Prozentsatz ihres arischen Blutes feststellen kann. Eigenartig und auffallend ist auf jeden Fall, daß z.B. Deutsch-Handdruckstoffe in jüdischen Kreisen fast durchweg abgelehnt werden ...« Sicher hatte die Käuferin keine Kenntnis darüber, daß der Erwerb als Arier-Nachweis fungieren sollte. Die werbenden Worte demonstrieren vielmehr die Indienstnahme politischer Propaganda zur Vermarktung alltäglicher Produkte.

CLAUDIA SELHEIM

Wege zu Kraft und Schönheit

Am 16. März 1925 fand im Berliner Ufa-Palast am Zoo die Uraufführung des Ufa-Films »Wege zu Kraft und Schönheit« statt. Vom Publikum und der Kritik wurde der Film bejubelt:

»Dieser Kulturfilm will in unserem Zeitalter, in dem die meisten Menschen im Zwange ihres Berufslebens ihren Körper vernachlässigen müssen, aufrufen zur Pflege des Leibes und will zeigen, wie wichtig für jeden die Erhaltung und Durchbildung eines gesunden Körpers ist. Es ist viel in dieser Hinsicht bei uns gesündigt worden. Vor dem Kriege wurde fast allein durch die militärische Erziehung unsere

Berliner Sportstudentinnen
beim Boxtraining, 1928

männliche Jugend körperlich durchgebildet, der weiblichen Jugend mangelte eine solche Durchbildung leider völlig. Seit dem Kriege regt sich überall ein gesunder Sportsgeist, der auch die weibliche Jugend erfreulicherweise ergriffen hat, und die Bestrebungen einer zweckmäßigen Pflege und Ausbildung des Körpers setzen sich immer mehr durch.«

Elfentanz, 1928

Fehlbesetzung

Die auserwählten Kinder sollten Rollen im Krippenspiel übernehmen und waren dadurch von allen Hausarbeiten und unangenehmen Nachmittagsbeschäftigungen befreit. Von dem Spaß während der Proben gar nicht zu reden.

Ich, die zweitbeste Schülerin in der Klasse, wurde niemals aufgerufen. Bei allen anderen Gelegenheiten hielt man sich an mich: wenn ein Gedicht aufgesagt werden mußte oder wenn es darum ging, einen wichtigen Besucher mit einer kleinen Rede zu begrüßen. Ich spielte selbstverständlich die Hauptrolle in jedem Stück, das wir aufführten. Aber wenn dieser Mann Anfang Dezember vorbeikam und die Namen aufrief, wurde ich geflissentlich übergangen. Es war, als existierte ich nicht. Jedes Mal, wenn der Lehrer mit dem Notizbuch gegangen war, saß ich erschüttert da. Am unfaßlichsten für mich war die Besetzung der Jungfrau Maria, der

Rolle, nach der ich mich mit Leib und Seele sehnte. Jahr für Jahr dasselbe Mädchen mit blonden Zöpfen und Mondgesicht, das meiner Meinung nach nicht einen Funken von Talent hatte. Ich konnte nichts »Frühgotisches« an der Jungfrau Maria entdecken, was immer ihre Bewunderer behaupten mochten. Natürlich hatte ich Prusi gefragt. Warum durfte ich nicht die Jungfrau Maria spielen? Sie zögerte mit ihrer Antwort. »Weißt du«, sagte sie endlich, »wir finden, die Jungfrau sollte nicht von einem jüdischen Mädchen gespielt werden.«

»Warum denn nicht?« fragte ich. »Maria war doch Jüdin.«

»Ja, das stimmt«, erwiderte Prusi, »natürlich war sie Jüdin.« Sie sah mich etwas unglücklich an.

LILLI PALMER *aus: »Dicke Lilli – gutes Kind«*

Die kleine
Lilli Palmer

Dicke Lilli – gutes Kind

Als ich klein war und auf den täglichen Spaziergang geführt wurde, fragten mich manchmal fremde Leute, wie das damals mehr üblich war als heutzutage, wie ich denn hieße. Ich antwortete jedes Mal: »Dicke-Lilli-gutes-Kind«. Beides wahr.

Dicke-Lilli-gutes-Kind sah aus wie Heinrich der Achte. Die Backen hingen mir bis auf die Schultern. Dazu war ich freundlich, was mit dem Fett im Einklang stand. Ich wollte, gleich von Anfang an, ein »gutes Kind« sein, meinen Eltern und Lehrern »Freude machen« (mit einigem Erfolg), meinem Mann die ideale Lebensgefährtin sein (Pech) und meinem Sohn die beste Freundin (Irrtum).

Das Gute-Kind-Übel hat mich mein Leben lang geplagt, in eine Zwangsjacke eingeschnürt. Es dauerte lange, bis ich begriff, daß es eine schlechte Angewohnheit war. Mit der Erkenntnis kam das Bedürfnis, das »gute Kind« loszuwerden. Das Fett war schon in der Emigration zerflossen ...

LILLI PALMER *aus: »Dicke Lilli – gutes Kind«*

Wie du das schaffst, ist deine Sache

Ich wollte, wie die meisten Mädchen, die Schule mit sechzehn verlassen und für zwei Jahre auf die Schauspielschule gehen. »Ausgeschlossen«, sagte mein Vater, »du machst das Abitur, und dann wollen wir weitersehen.«

»Aber Vati«, sagte ich voller Verzweiflung, »ich kann doch nicht mit dem Schauspielunterricht warten, bis ich mit dem Abitur fertig bin, dann bin ich doch viel zu alt!« Er überlegte einen Augenblick, sah mich prüfend an und sagte: »Du kannst ja beides machen, du kannst morgens früh ins Gymnasium gehen und nachmittags in die Schauspielschule. Wie du das schaffst, ist deine Sache.« Die Schule war mittags zu Ende, aber es gab eine Menge Hausaufgaben. Die mußte ich eben in der Schauspielschule oder abends erledigen. Das Ergebnis war, daß ich zwischen meinem 16. und meinem 18. Lebensjahr ein aufregendes Doppelleben führte. Morgens hatte ich Shaws »Heilige Johanna« in meiner Logarith-

mentafel versteckt, und nachmittags brütete ich in der Schauspielschule während der Pausen über den Ursachen für die negative Handelsbilanz der Balkanstaaten. Kein Mensch hat mich bemitleidet. Ich hatte es ja nicht anders gewollt. Nach einer Weile gewöhnte ich mich daran. Das Hinundherrasen machte Spaß und natürlich auch, daß ich ständig in Angst lebte, bei meinen heimlichen Studien erwischt zu werden.

LILLI PALMER *aus: »Dicke Lilli – gutes Kind«*

Ausgelassen in fescher Badekeidung, Anfang der zwanziger Jahre

Unanständige Bilder

Die glücklichen Sonntage meiner Kindheit, wenn ich an der Hand meiner Mutter durch die Museen Berlins lief. Mit zwölf Jahren begann ich allein mit diesen Ausflügen, ins Völkerkundemuseum zu den Götterbildnissen Indiens und Afrikas und immer wieder ins Kronprinzenpalais Unter den Linden.

Der Saal mit den Bildern der Brücke-Maler besaß magische Anziehungskraft. Gebannt stand ich vor Franz Marcs »Turm der blauen Pferde«, dem Goldhimmel Erich Heckels, dem sich die Bäume der grünen Hügel entgegenstreckten, dem knienden, nackten Mädchen von Karl Schmidt-Rottluff. [...]

Mein Berlin der zwanziger Jahre, das waren diese wundervollen Ausflüge. Von den Reizen der Stadt blieb ich durch mein preußisches Elternhaus abgeschirmt. Als ich vierzehn Jahre alt wurde, brachte mich meine Mutter in ein streng protestantisches Kloster mit Adelstradition: Stift Heiligengrabe in der Prignitz.

»Himmel und Hölle«, Hopsespiel auf
einer Berliner Straße um 1926

Bald nach meinem Eintritt wurde ich zu Ihrer Hochwürden Gnaden, der Frau Äbtissin, beordert, einer gebieterischen Dame, die wir in der dritten Person anzureden hatten. Ich schob mich ängstlich in die Nähe ihres Schreibtischs und bemerkte darauf ein buntes Blatt: ein von mir gemal-tes Aquarell.

»Wie kommst du dazu, etwas so Unanständiges zu malen?« fragte die Äbtissin streng und pochte mit dem Zeigefinger auf mein Bild.

»Wir hatten in der Zeichenstunde die Aufgabe, ein Bild von einem Meeresstrand mit Figuren zu malen, Frau Äbtissin.«

»Schämst du dich nicht: nackte Mädchen!«

»Aber ich habe nur aus dem Gedächtnis ein Bild aus dem Kronprinzenpalais nachgemalt, Frau Äbtissin, der Maler heißt Erich Heckel.«

»So, so«, sagte die Äbtissin, leicht irritiert. »Aber so was wollen wir in Heiligengrabe nicht haben.«

»Ich möchte doch Malerin werden, Frau Äbtissin«, sagte ich schüchtern.

»Malerin? Werden dir das deine Eltern erlauben?«

ERIKA VON HORNSTEIN *aus: »So blau ist der Himmel«*

Gespräche zwischen jungen Leuten

Stenographierte Dialoge aus der Zeitschrift *Uhu,* Dezember 1929

Hier und da, wochenlang, doch vielleicht ein wenig wahllos, haben wir unsere Mikrophone aufgestellt, bald im Kaffeehaus, im Autobus, bald auf Sportplätzen, im Bibliothekssaal der Studenten. [...] Achselzuckende Überlegenheit bezeichnet die Haltung der Jungen zur Vorkriegsgeneration, sobald diese Alten versuchen, als Lehrer, Erzieher, Eltern bestimmend auf die Jungen einzuwirken.

So antwortet eine 18jährige ihrem Gefährten auf die Frage, wie sie zu ihren Eltern steht.

»Gott, meine Mutter ist, wie die meisten Mütter sind. Sie hat mehr Achtung vor der äußeren Form als vor wahrhaftigem Handeln und Leben ... Nein, verstehen tun wir uns nicht. Ich habe nichts mit ihr gemeinsam. Sie kann meine Anschauungen nicht verstehn, und ich habe ein wenig Verachtung: sie ist so typisch für die alte Generation, die aus Angst vor der Konvention gar keine eigenen Anschauungen aufzubringen wagt ...«

Vorwürfe eines 15jährigen Pensionatsmädchens an ihre Eltern; sie schreibt:

»... Warum weist Ihr mich immer zurecht? Ich hatte Euch schon mehrmals gebeten, nicht mehr von dem sog. Anarchismus zu reden. Ihr sprecht aber in jedem Brief davon. Ich bin überzeugt, daß Ihr von den Dingen, über die wir uns sachlich unterhalten, überhaupt noch nichts gehört habt. Bringt mir sachliche Argumente, und ich werde sofort darauf eingehen. Wenn Ihr aber zu dem, was ich ernsthaft bearbeite, einfach ›Unsinn‹ sagt, können wir uns ja gar nicht aussprechen und verständigen ...«

Zwei 16jährige Gymnasiastinnen:

»Meine Eltern sagen immer, sie leben für uns Kinder. Ich finde das ganz falsch. Sie sollen ihr eigenes Leben leben. Wir Kinder können das ja nie zurückgeben.«

»Das haben wir auch gar nicht nötig. Wir können ja nichts dafür, daß die Eltern uns in die Welt gesetzt haben ...«

In einer heilen Welt

»Brauchen Sie nichts, Fräulein?«
Das Stubenmädchen ist eine Schweizerin und spricht Deutsch.
»Danke, ich brauche nichts; aber können Sie vielleicht ein bißchen bei mir bleiben? Es ist so einsam.«
Sie hat gelächelt. »Eigentlich habe ich keine Zeit, aber ein paar Minuten wird es schon gehen.«
Sie setzte sich auf mein Bett und streichelte mir den Kopf. Ihre Hände waren so rauh, daß meine Haare sich in ihnen verfingen, aber ich war doch froh, daß sie mich streichelte. Sie erzählte mir, daß sie Anneli heiße und aus Zürich komme.
Ich sah sie genau an. Sie ist hübsch und blond und sieht schrecklich jung aus.
»Wie alt sind Sie, Fräulein Anneli?«
»In einer Woche werde ich achtzehn.«
»Und da arbeiten Sie schon?«
Sie lachte. »Das ist bereits meine zweite Stelle. Zuerst war ich Saaltochter in Zürich.«
»Haben Sie nicht Heimweh?«
»Doch, aber was soll man machen? Man muß doch Geld verdienen. Wir sind sieben Geschwister, und der Vater ist tot.«
Sie tat mir so leid; ich schenkte ihr die Schokolade, die der Papa mir gebracht hatte.
»Warum sind Sie nicht in Zürich geblieben, Fräulein Anneli?«
»Es gibt zu viele Saaltöchter. Ich war einen Monat krank, und nachher hab ich daheim keine Arbeit mehr gefunden.«
Keine Arbeit? Ich verstand das nicht. Wir haben im Kloster immer gehört, daß alle fleißigen Menschen weiterkommen, nur die Faulen müssen zugrunde gehen, aus eigener Schuld. Ich sagte es ihr, und sie sah mich erstaunt an.
»Ja, wissen Sie denn nicht, Fräulein, daß es auf der Welt so viel Arbeitslose gibt?« »Arbeitslose?« Ich hatte das Wort noch nie gehört.

HERMYNIA ZUR MÜHLEN *aus: »Das Riesenrad«*

Blond und brav zum BDM

1933–1945

Zeitblende

Nationalsozialisten übernehmen 1933 die Macht in Deutschland • Entlassung von Juden aus öffentlichen Ämtern • Mädchenorganisation wird in die Jungmädel (JM, 10–13 Jahre) und Bund Deutscher Mädchen (BDM, 14–18 Jahre) gegliedert • Beschränkung des Anteils weiblicher Studenten auf 10 Prozent • 1934 Nationalsozialistischer Putschversuch in Österreich, Ermordung von Bundeskanzler Dollfuß • 1935 Verkündung der Nürnberger Gesetze; Repressionen gegen jüdische Bevölkerung nehmen zu • 1936 Berufsverbot für Juristinnen • 1938 Einmarsch Hitlers in Österreich • 9. November 1938: Pogrom gegen die Juden in der »Reichskristallnacht« • 1. September 1939: Beginn des Zweiten Weltkriegs • Die Schweiz bleibt neutral • Plan zur »Endlösung der Judenfrage« 1943 beschlossen • Luftangriffe der Alliierten auf deutsche Städte nehmen ungeahntes Ausmaß an • 22. Juli 1944: Attentat auf Hitler mißlingt • Millionen Deutsche sind auf der Flucht vor der sowjetischen Armee • 8. Mai 1945: Deutschland kapituliert • Ende des Zweiten Weltkriegs; die Zahl der Toten wird auf 60 Millionen geschätzt

Die Wände haben Ohren

In unserer Siedlung standen Parolen an den Wänden: »Wählt Thälmann!« Das weiß ich noch ganz genau. Das waren ja meine ersten Leseübungen. Die Worte, die hab' ich so nebenher von der Mauer abgelesen. Und mein Vater mußte mir das erklären. Ja, und dann kam ich ins »Schleudern«: Was ist jetzt »Wählt Thälmann« und was »Heil Hitler«? Mein Vater sollte mir das erklären. Der sagte immer: »Das könnt ihr mir glauben: Wer Hitler wählt, wählt den Krieg, und da er gewählt ist, wird es Krieg geben!«

Und natürlich versuchte er, mich in seine Richtung zu bringen. Und in der Schule wurde uns genau das Gegenteil beigebracht. Das habe ich nie vergessen – daß Mutter dann sagte: »Seid still! Nicht so laut, nicht so laut! Die Wände haben Ohren!«

Ich hab' harte Diskussionen mit meinem Vater geführt. Als Kind ist man geneigt, das zu glauben, was die Lehrer erzählen. Da können die Eltern sonstwas sagen. Und mein Vater, der argumentierte nun immer dagegen. Mutter hat mich dann, wenn ich mit Vater mal so richtig »zusammengebrummt« war, zur Seite genommen, hat gesagt: »Du weißt doch, die Männer hier erzählen sich andere Dinge. Aber wenn das rauskommt, müssen sie weg.« Es wurde mir richtig eingebleut: »Rede nicht mit anderen Kindern darüber.«

ANNEMARIE *aus: »Generationen ohne Gleichen«*

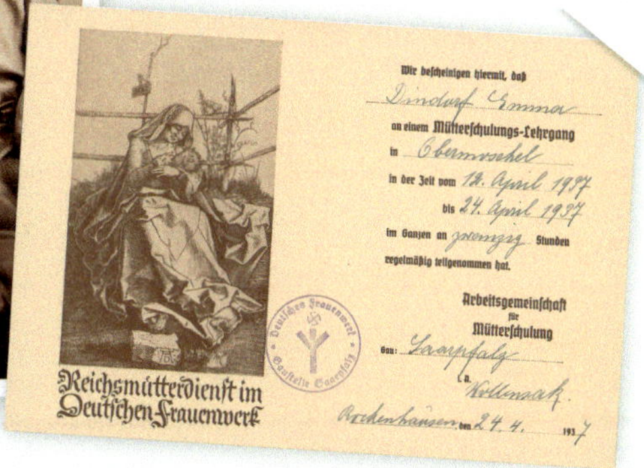
Wir bescheinigen hiermit, daß
Dindorf Emma
an einem Mütterschulungs-Lehrgang
in Obermoschel
in der Zeit vom 19. April 1937
bis 24. April 1937
im Ganzen an zwanzig Stunden
regelmäßig teilgenommen hat.
Arbeitsgemeinschaft für Mütterschulung
Gau: Saarpfalz
i. A.
Rockenhausen, den 24. 4. 1937
Deutsches Frauenwerk Gaustelle Saarpfalz
Reichsmütterdienst im Deutschen Frauenwerk

links: Barbaras Mutter mit ihren Töchtern, 1934

unten: Nachweis über die Teilnahme an einem Mütterschulungs-Lehrgang, 1937

»An die deutsche Frau«

Die deutsche Frau, wie wir sie uns denken, muß, wenn es die Lage des Volkes erfordert, verzichten können auf Luxus und Genuß, sie muß geistig und körperlich gesund sein. Sie muß geistig und körperlich arbeiten können, und sie muß aus dem harten Leben, das wir heute zu leben gezwungen sind, ein schönes Leben machen können. Sie muß zum letzten innerlich um die Nöte und Gefahren, die unserem Volke drohen, wissen. – Sie muß so sein, daß sie alles, was von ihr gefordert wird, gern tut. Sie muß, ich fasse es in einem Worte zusammen, politisch denken können, nicht politisch im Sinne eines Kampfes mit anderen Nationen, sondern politisch so, daß sie mitfühlt, mitdenkt, mitopfert mit dem ganzen Volk in einer selbstsicheren, stolzen Haltung.

Aus diesen Gedanken heraus haben wir heute drei Arten des Arbeitsdienstes für unsere Mädchen. Die erste Form ist das Zusammenfassen unserer Mädel im Lager in Form eines hauswirtschaftlichen Betriebes, eines großen Haushaltes, um sie durch Bearbeitung dieses Betriebes in die Arbeit eines Haushaltes einzuführen. Die zweite Art ist dieselbe Form, verbunden mit einem landwirtschaftlichen Betrieb. Diese Lager arbeiten zumeist Hand in Hand mit der NSV (NS-Volkswohlfahrt) in der Betreuung von bedürftigen Familien, in der Hilfe bei kinderreichen Müttern, also in unserer großen Aktion der Hilfe für Mutter und Kind. Die dritte Art ist die Hilfeleistung bei Siedlern und Bauern. Auch hier geht Hand in Hand die Einrichtung von Erntekindergärten, die von den arbeitsdienstwilligen Mädchen betreut werden. Die Arbeitszeit beträgt sechs Stunden täglich. Die übrige Zeit wird mit einer gründlichen staatspolitischen Schulung, weltanschaulicher Erziehung, Sport und Gymnastik ausgefüllt. Die wichtigste und augenblicklich notwendigste Form ist die Hilfeleistung bei den Siedlern. […] Die dienstwilligen Mädchen gehen sechs Stunden täglich zum Siedler und arbeiten mit der Frau, entlasten sie in Feld, Stall, Garten und Haushalt. Das Mädchen aus der Stadt, aus der Fabrik, das Mädchen aus der guten Familie, das bisher nur über Büchern gesessen und an sich selbst gedacht hat, wird zurückgeführt zu den Kräften der Erde.«

GERTRUD SCHOLTZ-KLINK, *NS-Frauenführerin*
(zitiert nach »Frauen im Nationalsozialismus»)

Im Kinderlandverschickungslager

Würzburg, 18. Juni 1944

Liebes Evele! Dank für Deinen Brief. Du mußt nun aber wirklich zufrieden sein, daß es so ist, wie es eben ist. Man muß nichts erzwingen wollen, und wir waren doch immer dafür, daß sich kein deutsches Mädel vom Arbeitsdienst irgendwie befreien soll. Also schön eingewöhnt und tapfer zugefaßt, wo es auch sei. Frl. Laus hat so schöne beseelte Augen. Höre nicht hin, was andere sagen. Daß Du mit Ursel Sch. Dich gut verstehst, ist mir eine große Beruhigung. Die paar Monate gehen bald vorbei und es wird Dir vielleicht über Deinen künftigen Beruf in der Fremde eher Klarheit kommen. Sei vergnügt und putz halt die dreckigen Räder, denke dabei, es wäre meines!

Zitiert nach: »Frauen im Nationalsozialismus«

Das Ziel der weiblichen Jugend hat unverrückbar die kommende Mutter zu sein. [...] Für die kommende Mutter des Volkes muß eine Körperschulung des Mädchens Voraussetzung sein. Der allzu großen Anhäufung von Wissensstoffen muß zu Gunsten des Wachstums des Mädchens Einhalt geboten werden. Dies geschieht durch biologische Aufklärung, Gymnastik, Sport und Wanderungen – alles in enger Verbindung: Schule mit dem BDM.

ADOLF HITLER *(zitiert nach »Frauen im Nationalsozialismus»)*

Plakat, 1933

Barbara beim »Nichtstun«

Die tut nichts

Wenn meine Mutter aus dem Garten kam, aus unserem Riesengarten, wir hatten ja auch noch Tiere, und ging dann an dem Fenster von der Nähstube vorbei, wo meine Schwester dann mit irgendwelchen Kleidern beschäftigt war und ich saß dabei und hatte mich mit ihr unterhalten, dann stand ich automatisch auf, da meine Mutter strafend durchs Fenster blickte – »die tut nichts«. Auch abends so dasitzen – »Also hast du nichts zu tun ..., hast du nichts in die Hand zu nehmen, stopfen, stricken?« – Irgendwas hatte man zu tun ... Sonntags wurde genäht oder gewaschen, Freizeit, das war überflüssig, man hatte zu arbeiten.

Aus: »Sei wie das Veilchen im Moose«

Wir jedenfalls gehörten zur richtigen Rasse

Am 9. November 1938 haben auch auf Usedom die Synagogen gebrannt.

Daran erinnere ich mich sehr genau. Wir kamen in die Schule, und da hieß es, die Synagoge in Swinemünde brennt, und wir sind alle zur Synagoge gelaufen und haben aufgeregt dem großen Feuer zugeschaut.

Plötzlich rief ein Mädchen: »Der Rabbiner flüchtet durch die Stadt!« Wir alle zum jüdischen Friedhof, wo die SA- und die SS-Leute die Grabsteine umgestürzt und die Gräber verwüstet hatten. Zu Hause habe ich meiner Mutter davon erzählt, und ich erinnere mich, ich habe davon so gesprochen, als käme ich gerade vom Jahrmarkt – ohne jedes Gefühl für das Grauen, das sich vor meinen Augen abgespielt hatte, ohne Mitleid. Nichts davon.

In der Schule hatten wir im Biologieunterricht bei Fräulein Büttner gelernt, daß es verschiedene Rassen gebe und die germanische Rasse die mit Abstand bedeutendste sei. Die Juden, das seien Untermenschen. Und dann gab es noch die dinarische Rasse, glaube ich, und einige andere. Wir jedenfalls gehörten zu der richtigen.

Das schlimmste Erlebnis während des Krieges war für mich, als ich auf einer Dienststelle der Hitlerjugend war und hörte, wie Zwangsarbeiter gefoltert wurden. Das war 1944. Unsere Bannführerin, die für den BDM im ganzen Kreis verantwortlich war, hörte auch, wie die Menschen schrien. Und da hat sie ... – ich weiß nicht, ob ich es getan habe, sie jedenfalls hat es getan – immer mit den Füßen aufgestampft und »Aufhören! Aufhören!« gerufen.

Als ich vor einigen Monaten zum ersten Mal seit Jahren wieder von ihr hörte, habe ich zu ihr gesagt: »Ich werde dir das nie vergessen, daß du gerufen hast: Aufhören!« Da sagte sie: »Du, ich bin runtergegangen und habe gesagt, aufhören! Und die haben aufgehört!« Daß Menschen geschlagen werden, bis sie vor Schmerzen schreien, das hat mich Tage und Nächte verfolgt. Ich habe mit vielen anderen Menschen darüber gesprochen und wollte wissen, was sie dazu meinten. Ich habe mit meiner Mutter darüber gesprochen und mit Schulfreundinnen – alle haben nur mit den Schultern gezuckt und gesagt: »Tja, es ist eben Krieg.« Manche haben gesagt, daß man mit Feinden auch feindlich umgehen müsse. Und andere haben gesagt: »Du weißt ja gar nicht, was die getan haben, was die vielleicht Deutschen angetan haben, was die angerichtet haben.«
Aber dieses Erlebnis habe ich nie vergessen können, und es ist für mich in entscheidender Grund gewesen, Amnesty International mit zu gründen.

CAROLA STERN *aus: »Uns wirft nichts mehr um«*

rechte Seite: Mädchen der jüdischen Mittelschule in Berlin-Mitte, um 1935. Als diese Schule 1942 endgültig geschlossen wurde, gab es noch 161 Mädchen und Jungen dort. Das Gebäude funktionierten die deutschen Behörden zum Sammellager für Berliner Juden um, die von dort nach Auschwitz transportiert wurden

Schulwechsel

Als die Schulbehörde verfügte, daß jüdische Schulkinder nicht mehr an Ausflügen teilnehmen, nicht mehr Landschulheime besuchen dürften und auch dem Schwimmunterricht fernzubleiben hatten, beschloß mein Vater, mich auf eine jüdische Schule zu schicken, um mich dieser Art von Diskriminierung nicht auszusetzen. Er hielt die jüdische Mittelschule für geeignet, weil sie noch eine der wenigen staatlich anerkannten jüdischen Schulen war. Ihr Besuch beziehungsweise Abschluß hätte mir die Möglichkeit geboten, »nach dem Nazireich« wieder auf eine staatliche Höhere Schule zurückzukehren. Als nun Partei und Staat im Dritten

Reich immer rigoroser begannen, die Juden in Deutschland zu isolieren, sie aus dem öffentlichen Leben auszuschalten und vom Umgang mit anderen Deutschen fernzuhalten, setzte ein Ansturm auf die wenigen jüdischen Schulen ein. Zwar wurden einige neue jüdische Schulen errichtet, aber ihre Zahl blieb dennoch weit hinter dem Bedarf dieser ersten Jahre zurück. Die staatlich anerkannte Mittelschule hatte natürlich den stärksten Zulauf. Während sie 1932 von 470 Schülern besucht wurde, waren es 1934 bereits 1025 Schüler. Wenn ich an meinen ersten Schultag in dieser Schule zurückdenke, empfinde ich noch heute die Verwirrung, in die mich die große Zahl meiner Mitschülerinnen stürzte.

INGE DEUTSCHKRON *aus: »Ich trug den gelben Stern«*

WIE WEGGEWEHT

Da es jüdischen Kindern verboten war, mit anderen Kindern denselben Sportplatz oder die Umkleidekabinen zu benutzen, erwarben alle jüdischen Schulen in Berlin gemeinsam einen Sportplatz im Grunewald. Dort wurden Sportfeste abgehalten, bei denen jede Schule um den Sieg kämpfte. Das waren Ereignisse, die uns völlig in Anspruch nahmen und denen wir entgegenfieberten.
Vielleicht ist die Erinnerung an diese Stunden auf dem Sportplatz Grunewald die einzige wirklich angenehme Erinnerung an meine Schulzeit. Alles Bedrückende, das auf uns auch in der Schule lastete, war dort wie weggeweht.

INGE DEUTSCHKRON *aus: »Ich trug den gelben Stern«*

Versuchen, möglichst unauffällig zu sein

Sicherlich waren wir keine Musterkinder, aber gewiß auch nicht so unbefangen und kindlich, wie Kinder unseres Alters im allgemeinen zu sein pflegen. Unser Übermut war, wenn auch völlig unbewußt, doch gehemmt. Wenn ich mit meinen Kameradinnen mit der S-Bahn mittags nach Hause fuhr, dann achteten wir sorgsam und nicht ohne Ängstlichkeit darauf, kein Aufsehen, geschweige denn Anstoß zu erregen. Wenn eine von uns zu laut auflachte, dann wurde sie von den anderen zurechtgewiesen. Auch wenn wir nicht darüber sprachen, wir ahnten doch, daß wir von Mitreisenden als jüdische Kinder erkannt und angepöbelt werden könnten. Mir ist jedoch nie etwas Derartiges zugestoßen.

INGE DEUTSCHKRON *aus:*
»Ich trug den gelben Stern«

Die jüdischen Kinder lernten in den dreißiger Jahren in ihren Schulen vor allem Sprachen und praktische Dinge, um auf ein Leben in der Emigration und in Palästina vorbereitet zu sein

Wir waren Zionisten

Wir würden Pioniere sein, nach Palästina reisen, die Sümpfe trockenlegen und ein jüdisches Land aufbauen, in dem Freiheit und Gerechtigkeit für alle herrschte.
In meiner Gruppe waren wir sechs oder sieben Mädchen, voller Bewunderung für unsere Leiterin Joy, die neun oder zehn Jahre älter war als wir. Wir hatten strenge Regeln: Stühle waren nicht erlaubt. Wir saßen, wie es sich gehörte, auf dem Boden oder auf Kissen, die wir zu diesem Zweck genäht hatten. Kniestrümpfe mußten abgerollt werden, bis sie dicke »Würste« um unsere Knöchel bildeten (heute, siebzig Jahre danach, kann ich mir nicht erklären, warum). Auf keinen Fall Make-up! [...] Wir lasen und diskutierten Theodor Herzl, Martin Buber, Stefan Zweig und andere. Wir wanderten und sangen, und wenn wir Brotzeit machten, kam es auf keinen Fall in Frage, daß jede sich ihr eigenes Lunchpaket vornahm. Nein, die braunen Essenstüten wurden in der Mitte des Kreises zusammengelegt, und dann griffen wir alle gemeinsam zu. Das Wichtigste war, daß man miteinander teilte und niemals auf seinem Eigentum bestand.
Anfangs konnten wir frei zusammenkommen, wann und wo wir wollten. Später wurden uns große Beschränkungen auferlegt. Wir durften uns zwar noch treffen, doch nur unter Aufsicht der Gestapo und auch nur einmal im Monat – sogar Kindern war es nun verboten, sich in Gruppen von mehr als zwei oder drei Leuten zu versammeln. Natürlich trafen wir uns trotzdem weiter jeden Tag. Wir brauchten einander. Nur mußten wir aufpassen, daß man uns nicht auf der Straße sah. [...] Angesichts der zunehmenden Verfolgung, der vielen Plakate, auf denen »Juden raus!« oder »Wir sind ein deutsches Geschäft! Juden unerwünscht!« stand, und der Gerüchte um Verhaftungen und Deportationen,

gaben unsere Gruppen uns den Beistand, den wir brauchten, um seelisch zu überleben.

An die Schilder »Keine Juden und Hunde« erinnere ich mich allzu gut. Wir – meine Freundinnen und ich – gingen gerne einkaufen. Jeden Tag nach der Schule standen wir vor den Schaufenstern der Geschäfte. Wir diskutierten: Was meint ihr? Können wir da hineingehen? Werden sie uns davonjagen? Werden sie schreien? Werden sie gar die Polizei rufen? Wird man unsere Eltern verhaften? Aber sie haben herrlich knuspriges Brot! Vielleicht werden sie auch bloß unfreundlich sein?

MARA VISHNIAC KOHN *aus: »Roman Vishniacs Berlin«*

Rettende Transporte nach England

Vom 19. September 1941 an waren alle Juden im Deutschen Reich ab dem sechsten Lebensjahr verpflichtet, den gelben Stern zu tragen

Wenig später erhält Beate Schulverbot. »Als Jüdin ausgewiesen« steht in sauberer Handschrift auf ihrem letzten Zeugnis des Münchner Sankt-Anna-Lyzeums. Dem Vater wurde inzwischen die Kammerzulassung als Rechtsanwalt entzogen. Als er einige Wochen nach der Verhaftungswelle wieder nach München zurückkehrt, muß er sich als juristischer Berater der jüdischen Gemeinde über Wasser halten; dort hört er von den Kindertransporten. Getrieben von dem Wunsch, seine Tochter in Sicherheit zu wissen, meldet er Beate an.

Die Siegels gehören zu den Glücklichen, die im fernen London Freunde haben – gebürtige Münchner, die schon früh die Zeichen der

Zeit erkannt hatten und 1933 emigriert waren. Durch deren Vermittlung gelingt es, jemanden aufzutreiben, der bereit ist, ein völlig unbekanntes deutsches Mädchen aufzunehmen. Beate bekommt einen Platz auf dem Kindertransport vom 26. Juni 1939. Die Siegels versuchen, ihre Tochter auf die bevorstehende Trennung so behutsam wie möglich vorzubereiten, doch die reagiert nicht allzu traurig: »Für mich war das Ganze einfach sehr aufregend! Außerdem war ich schon sieben Monate lang nicht mehr zur Schule gegangen, was mir überhaupt nicht paßte. Ich wurde von Kopf bis Fuß neu eingekleidet und fand mich sehr schick. Außer dem, was ich am Leibe trug, durfte ich nicht viel mitnehmen. Als man mir am Bahnhof dann noch ein kleines Mädchen aus dem jüdischen Waisenhaus anvertraute, um das ich mich auf der Fahrt kümmern sollte, fühlte ich mich sehr erwachsen.«

Aus: »Der olle Hitler soll sterben!«

Freitag, 24. Dezember 1943

»Himmelhoch jauchzend« bin ich, wenn ich daran denke, wie gut wir es hier noch haben im Vergleich zu all den anderen jüdischen Kindern. Und »zu Tode betrübt« überfällt mich zum Beispiel, wenn Frau Kleimann hier gewesen ist und von Jopies Hockeyclub, von Kanufahrten, Theateraufführungen und Teetrinken mit Freunden erzählt hat. [...] ich bekomme dann so heftige Sehnsucht, auch mal wieder Spaß zu machen und zu lachen, bis ich Bauchweh habe.

Aus: »Anne Frank Tagebuch«

Zu diesem Zeitpunkt hielten sich Anne Frank und ihre Familie schon eineinhalb Jahre in einem Amsterdamer Lagerhaus versteckt, um der Deportation zu entgehen.

Widerstand

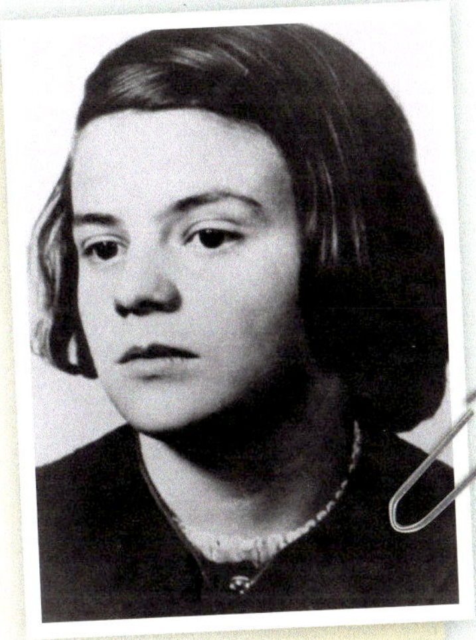

Sophie Scholl

Nachdem Sophie Scholl von ihren Eltern nach München zurückgekehrt war, schrieb sie am 16. Februar 1943 folgenden Brief an ihren Freund Fritz Hartnagel:

»Mein lieber Fritz!
Noch einen kurzen Gruß, bevor ich wieder in meine Vorlesungen laufe. Ich hatte es Dir ja, glaube ich, schon geschrieben, daß ich zehn Tage daheim war, um dort zu helfen. Diese Tage, obwohl ich nicht viel zu meiner eigenen Beschäftigung komme, tun mir immer wohl, und wenn es nur deshalb wäre, weil mein Vater sich so freut, wenn ich komme, und sich wundert, wenn ich wieder gehe, und weil Mutter um so tausend Kleinigkeiten besorgt ist. Diese Liebe, die so umsonst ist, ist für mich etwas Wunderbares. Ich empfinde sie als etwas vom Schönsten, was mir beschieden ist.

Die 150 km, die zwischen Ulm und München liegen, verändern mich so rasch, daß ich selbst erstaunt bin. Ich werde von einem ausgelassenen Kind zu einem auf sich gestellten Menschen. Doch dieses Alleinsein tut mir gut, wenn ich mich auch manchmal nicht so wohl darin befind, weil ich doch von Menschen recht verwöhnt bin. Aber geborgen fühle ich mich erst dort, wo ich merke, daß eine selbstlose Liebe da ist. Und die ist doch verhältnismäßig selten. Wie geht es Dir? Schon vierzehn Tage sind vergangen seit Deinem letzten Brief aus Stalino, und ich bin ein bißchen unsicher, wenn ich mich an Dich wende, weil ich nicht weiß, wie es um Dich steht und welche Gefühle ich dir entgegenbringen darf.
Doch sei versichert, daß es immer die der Liebe und Dankbarkeit sind.

Deine Sophie«

Aus: »Hans und Sophie Scholl. Briefe und Aufzeichnungen«

BRIEFE, DIE AUSBLIEBEN

Es war die Zeit, in der der Briefträger wie der erste Satz einer handlesenden Zigeunerin erwartet wurde – es kamen die ersten grünen Briefe, auf denen in schwarzer Druckschrift »Prisoner of War« stand, und auf der Rückseite »do not write here«, »hier nicht schreiben«, »non scrivete qui« und etwas auf japanisch – die hatten einen Teil des Krieges hinter sich und pflückten Baumwolle. Aber der Brief, der monatelang nicht kam, bedeutete Verwundung, russische Gefangenschaft oder Tod, und vergessene Tanzstundenfreunde wurden unvergessen, weil sie nach zwei zaghaften Briefen nicht mehr schrieben, weil Frontsoldaten treu sind und schreiben, auch wenn sie nichts zu sagen haben und ihre Finger kalt sind und kein Licht im Unterstand. Es waren Briefe von noch Lebenden an noch Lebende oder, wenn sie endlich ankamen, Briefe von Toten an noch Lebende oder umgekehrt; aber mit ihren frisch angekommenen Briefen waren sie noch da und nicht erfroren, verblutet, explodiert, verstümmelt, verdurstet, verbrannt, ertrunken oder abgestürzt ...

HILDEGARD KNEF *aus: »Der geschenkte Gaul«*

Auf sich allein gestellt

Man schreibt das Jahr 1942, und ich bin fast zehn Jahre alt. Wie an jedem Tag, nachdem ich mit Widerwillen meinen Haferbrei gegessen habe, packe ich einen Apfel und ein Butterbrot in den Schulranzen und gehe in die Schule.

An diesem Tag aber soll sich mein Leben verändern. Von der Schule zurück, nimmt mich meine Großmutter in den Arm – sie wohnt bei uns im Haus – und sagt, daß Mama ins Krankenhaus muß. Was ist passiert?

Sie war doch nie krank. Es ist Scharlach, und es gibt kein Penizillin. Mein ältester Bruder und ich dürfen noch am gleichen Abend ins Krankenhaus, Mutter sagt, bitte bleibt immer ehrlich, sie stirbt noch in der Nacht. Mein Vater ist zwanzig Jahre älter als meine Mutter, und er ist verzweifelt. Vier Kinder. Und die ersten Bomben sind gerade gefallen. Gottlob ist da eine wunderbare Großmutter.

Mit zehn Jahren geht es zu den Jungmädeln. Es ist schön, singend durch die Stadt zu marschieren diejenigen, die keine Uniform haben, müssen am Schluß marschieren, und da ich die Größte bin, gefällt mir das gar nicht. Vater ist kein Parteimitglied und weigert sich, mir eine Uniform zu kaufen. Das allein ist schon gefährlich, aber davon weiß ich nichts. Auf Drängen der Führerin bekomme ich endlich eine Uniform, das bedeutete erste Reihe, und die Welt ist in Ordnung. In den Nächten tobt der Fliegeralarm. Wir rennen aus dem Bett in den Keller. Die nassen Tücher haben wir bereitgelegt wegen der Brandbomben. Wo ist jetzt noch Platz für Kindheit? Die Kinder müssen von der Stadt aufs Land oder wie ich ins Internat nach Salzburg. Es gibt ein Wort, das alle kennen: Kinderlandverschickungslager. In Salzburg, heißt es, wäre man sicher, da alle Bunker in die Berge geschlagen wurden.

Zweimal im Jahr bekomme ich Besuch von Vater. Er hat nur einen Koffer voll Äpfel dabei. Wir haben Hunger und nichts anzuziehen. Er bringt mir von Mutter ein Umstandskleid mit, was soll man damit anfangen – in meinem Alter?

Im Internat sind 100 Mädchen, und ich bin die Jüngste. Ich habe Heimweh, bekomme keine Post, nur ab und zu eine Eilnachricht rot umrandet »Hier alles in Ordnung. Papa.« 1944 wird das Internat geschlossen und in ein Lazarett umgewandelt. Auch in Salzburg fallen jetzt Bomben. Eine Familie nimmt mich auf, aber sie ist nicht besonders erfreut über den Zuwachs.

Im April 1945 ist der Krieg fast zu Ende. Am 20. April werden wir nochmals auf den Führer vereidigt. Kurz danach ist der Einmarsch der Amerikaner. Ich habe keine Nachricht von zu Hause, ich weiß nicht, wer noch lebt. Jetzt bin ich fast dreizehn Jahre alt und ganz auf mich selbst gestellt. Ich schaffe es, daß mich ein Lastwagen Ende Mai 1945 nach Augsburg

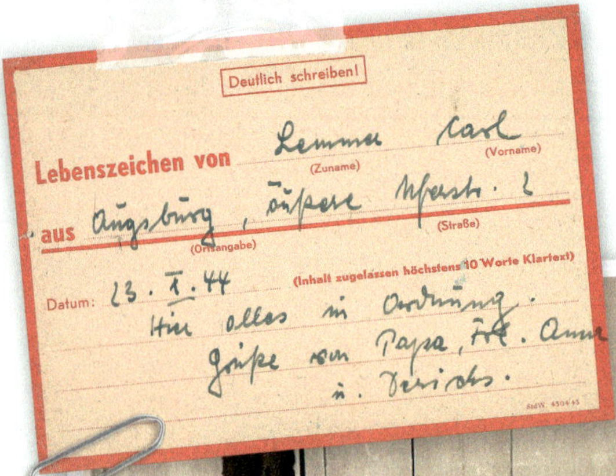
Deutlich schreiben!

Lebenszeichen von (Zuname) (Vorname)

aus (Ortsangabe) (Straße)

Datum: 23. I. 44 (Inhalt zugelassen höchstens 10 Worte Klartext)

Hier alles in Ordnung.

links: Solche Eilnachrichten wurden während des Krieges verschickt

unten: Elisabeth, um 1942

mitnimmt. Die Stadt ist völlig zerstört, nur mit Mühe finde ich durch das Gewirr der zerstörten Straßen mein beschädigtes Elternhaus. Zum Glück sind meine Brüder, mein Vater und meine Großmutter alle gesund, und wir sind endlich beisammen.

Ich gehe jetzt auf die Handelsschule. Mein Vater ist Dentist mit einer eigenen Praxis. Ich möchte auch seinen Beruf erlernen und soll einmal seine Praxis übernehmen. Drei Jahre Berufsausbildung stehen mir bevor. Einen Tag vor dem Examen stirbt mein Vater. Ich absolviere zwei

Jahre Assistenzzeit, aber danach wird mein Antrag auf ein Studium der Zahnheilkunde in München abgelehnt. Ich sei zu jung und außerdem würden Kriegsteilnehmer bevorzugt. Es gibt eine eingerichtete Praxis, aber ich kann sie nicht übernehmen. Ich bin Vollwaise, aber das interessiert niemanden. Ein Mädchen muß nicht Dentistin werden. Ich beschwere mich beim Gesundheitsministerium, aber ohne Erfolg. Nun arbeite ich als Dentistenassistentin weiter, verdiene 120 DM. Später heirate ich und habe eine Familie. Die Praxis übernimmt mein jüngerer Bruder.

ELISABETH KNOLL

Ich knipste und knipste

Es war im Krieg und ich arbeitete als technische Zeichnerin für Maschinenbau bei der Reichsbahndirektion in Nürnberg. Eines Tages fand ich auf meinem Schreibtisch die Mitteilung, daß ich eine Ausbildung als Notdienst-Zugschaffnerin machen müsse und daß ich mich nach Abholung einer entsprechenden Uniform am nächsten Montag am Bahnhof in Bamberg zu melden habe.

ELISABETH DIETZ

Elisabeth bei der Reichsbahn

Gerda-Elisabeth (Mitte)
mit ihren Freundinnen, um 1934

Schule ohne Zwang

Im »Dritten Reich« hatte ich zunächst das Glück, daß meine Eltern mich zusammen mit meinen Geschwistern seit 1928 in die Rudolf-Steiner-Schule in Berlin geschickt hatten. Während dieser Jahre wurde ich, wohl wegen zu schnellen Wachstums, von unserer Hausärztin häufig krank geschrieben, verbrachte sogar als Zehnjährige drei Monate bei meinem Großvater in Bremen, kam aber immer wieder in dieselbe Schulklasse zu den geliebten Freundinnen und Freunden zurück, da man in einer Waldorf-Schule nicht sitzenbleibt. Meine fleißigen Mitschüler halfen mir im Unterricht und bei den Hausaufgaben, damit wir Zeit fanden für unsere kindlichen Abenteuer, z.B. Texte aus »Ivanhoe« von W. Scott zu improvisieren oder Winnetous Sterbeszene auswendig zu lernen. Leidenschaftlich gern besuchten wir die fabelhaften Theateraufführungen der damaligen Berliner Bühnen. Meine spätere Vorliebe für England verdanke ich wohl unserer Klassenlehrerin, die lange Zeit Erzieherin in einer englischen Familie in Cornwall gewesen war. In der riesigen Klasse (bis zu 51 Kinder) wurde viel rezitiert. Neben englischen und französischen Gedichten kann ich heute noch Schillers »Kraniche des Ibykus« auswendig, darin durfte ich auf einer Monatsfeier als eine der Erinnyen mit Schlangen im Haar auftreten. Früh erließen mir die besorgten Lehrer Latein, und auch in Französisch kam ich nur schlecht voran; hingegen gelang mir auf dem Olympiagelände das Reichssportabzeichen, zu dem uns ein sehr engagierter Sportlehrer anfeuerte; auch riesige Radtouren in die Umgebung Berlins, z.B. Kloster Chorin, machte er mit uns; in den Unterklassen waren wir noch im Kremser durch Alt Berlin gefahren. 1938/39 wurde die Schule von den Nazis geschlossen.

GERDA-ELISABETH MAY

Hildegard Knef am Brandenburger Tor in Berlin, um 1950

»Drehn Sie sich mal ins Profil«, sagte die rothaarige Eskimofrau, die Else Bongers hieß, im »Berlin-Film«-Büro Unter den Linden. »Können Sie etwas vorsprechen?«
»Nein«, flüsterte ich.
»Wieso wollen Sie Schauspielerin werden?«
»Weil ich begabt bin.«
»Woher wissen Sie das?«
»Ich weiß es.«

HILDEGARD KNEF *aus: »Der geschenkte Gaul«*

Berufswünsche

Die meisten in der Klasse wollten Lehrerin oder Krankenschwester an der Front werden – letztere hofften wohl auf einen dreißigjährigen Krieg –, sehr wenige wichen von diesen bei den Lehrern geschätzten Berufen ab. Da war Vera Ress, ein hübsches Mädchen mit Stupsnase, sie wollte Tänzerin werden und war verpönt. Nanette wollte auch malen, was uns fast befreundet machte, und eine wollte mit ihrem Vater, der Ingenieur war, nach China – wie sie dort hinkommen sollten und was genau sie dort vorhatten, gab sie nicht bekannt, aber die ganze Sache mit China war schon ein guter Einfall, und man soll dann auch nicht kleinlich werden. Eine kam täglich in einem zerschlissenen und bekleckerten Taftkleid zum Unterricht, sie liebte Johannes Heesters und ging jeden Abend in die Operette »Graf von Luxemburg«, woselbst er auftrat – uns behandelte sie wie hilflose Dorftrottel, weil wir selten ins Theater kamen, ich war erst einmal im Theater oder genauer in der Oper gewesen, »Fidelio«, und wäre fast eingeschlafen.

HILDEGARD KNEF *aus: »Der geschenkte Gaul«*

Bomben auf Berlin

Am 3. Februar 1945 war ich unterwegs, es war ein sehr klarer und schöner Tag. Während ich mit der Straßenbahn fuhr, ging der Alarm los. Ich schaffte es noch bis nach Hause, traf meine Mutter im Treppenaufgang, und wir konnten noch in den Keller hinunter. Dann spielte sich alles über uns ab. Und wie wir da unten saßen, hieß es, wir kommen nicht mehr raus, weil alles schon kaputt ist. Dann wurden die Durchbruchstellen zum Nachbarhaus freigelegt und wir dann zum Auffanglager in der Urbanstraße geschleust. Alles, was wir besaßen, trugen wir bei uns. Jeder vermißte einen, wußte nicht, wo er war. Das klärte sich dann alles erst am nächsten Tag, als man auf die Suche ging. Ich ging zur Wassertorstraße und weiter zur Lobeckstraße und dachte, da liegen verbrannte Balken. Aber es waren alles geschrumpfte Menschen. Und das waren alles meine Schulfreunde, die dort in der Gegend wohnten. Das war grauenvoll. Man wird das nie ganz los.

Aus: »3. Februar 1945. Die Zerstörung Kreuzbergs aus der Luft«

Sowjetische Soldaten
und Mädchen aus
Berlin im April 1945

Sperrt die Mädel ein!

Ja, die Mädel sind allmählich verknappte Ware. Man kennt jetzt die Zeiten und Stunden, in denen die Männer auf die Weibsjagd gehen, sperrt die Mädel ein, steckt sie auf die Hängeböden, packt sie in den gut gesicherten Wohnungen zusammen. An der Pumpe wurde eine Flüsterparole weitergegeben: Im Luftschutzbunker hat eine Ärztin einen Raum als Seuchenlazarett eingerichtet, mit großen Schildern in Deutsch und Russisch, daß Typhuskranke in dem Raum untergebracht sind. Es sind aber lauter blutjunge Mädels aus den Häusern ringsum, denen die Ärztin mit ihrem Typhustrick die Jungfernschaft rettet.

Diese Mädchen sind auf immer um die Erstlingsfrüchte der Liebe betrogen. Wer mit dem Letzten begann, und dazu auf so böse Art, kann nicht mehr vor der ersten Berührung erbeben. Paul hieß der, an den ich jetzt denke, er war siebzehn wie ich, als er mich auf der Ulmenstraße in den Schatten eines fremden Haustors drängte. Wir kamen aus einem Schülerkonzert, Schubert, glaube ich, noch warm von der Musik, über die wir doch nichts zu sagen wußten. Unerfahren wir alle beide; Zähne preßten sich gegen Zähne, während ich gläubig auf das Wunderbare wartete, das vom Küssen kommen sollte. Bis ich merkte, daß sich mein Haar gelöst hatte. Die Spange, die es sonst im Nacken zusammenhielt, war

weg. Was für ein Schreck! Ich schüttelte Kleid und Kragen. Paul tastete im Dunklen auf dem Straßenpflaster herum. Ich half ihm suchen, unsere Hände trafen und berührten sich, doch nun ganz kalt. Die Haarspange fanden wir nicht. Ich hatte sie wohl schon unterwegs verloren. Das war sehr ärgerlich. Die Mutter würde es gleich merken, sie würde mich fragen, mich scharf ansehen. Und ob ihr dann mein Gesicht nicht verriet, was Paul und ich im Torweg getan? Wir trennten uns überhastet, in plötzlicher Verlegenheit, und kamen einander später nie mehr nahe. Trotzdem haben jene scheuen Minuten im Torweg für mich einen Silberglanz behalten.

ANONYMA *aus: »Eine Frau in Berlin«*

Ende April rückten Truppen der Roten Armee nach Berlin ein. In den eroberten Stadtteilen versuchten junge Frauen und Mädchen, sich vor den Vergewaltigungen der Soldaten in Sicherheit zu bringen.

Nach dem Chaos in die heile Welt

1946–1961

Zeitblende

Deutschland und Österreich werden in vier Besatzungszonen aufgeteilt • Überall herrscht Hunger • Viele Städte sind zerstört, Wohnungsnot ist die Folge • Ankurbelung der Wirtschaft durch den Marshallplan in Westeuropa • 1948 Währungsreform in den Westzonen • 1949 Gründung der Bundesrepublik Deutschland in den drei Westzonen, Gründung der DDR in dersowjetisch besetzten Zone • Gleichberechtigung von Mann und Frau in Verfassungen beider deutscher Staaten verankert • Kalter Krieg zwischen dem sozialistischen und dem kapitalistischen System • 17. Juni 1953: Aufstand in der DDR gegen SED-Regime • Wiederbewaffnung in Ost- und Westdeutschland • 1955 Österreich erhält seine volle Souveränität zurück • 1957 Gründung der Europäischen Wirtschaftsgemeinschaft EWG • 1960 John F. Kennedy wird Präsident der USA • 1961 schließt die DDR ihre Grenzen zur Bundesrepublik; Mauerbau in Berlin

Mein schönstes und auch einziges Geburtstagsgeschenk zum Sechzehnten war ein ganz kleines Brot – aber ganz für mich allein sollte es sein.

Tanzstundenball im Flickenkleid, Frankfurt am Main 1947

Aber die Wirklichkeit sah anders aus

Ich bin jung, ich bin achtzehn Jahre alt. Und ich kann noch mal neu anfangen. Es kommt nur darauf an durchzukommen. Zu überleben. Irgendwo ein Kleid geschenkt zu bekommen. Diesen Heuboden wieder verlassen zu können. Ein menschenwürdigeres Quartier zu finden. Zu essen und zu trinken zu haben. Es geht um den nächsten Tag und um nichts weiter!

Aber als ich so lange nackt unter dieser Decke lag, dachte ich auch: Jetzt ist Frieden, Frieden! Jetzt wirst du in die Welt kommen. Und eines Tages wirst du mit einem Kavalier auf einen großen Ball gehen. Und du wirst ein Ballkleid mit vielen Volants tragen, Dauerwellen haben, geschminkt sein und herrlich aussehen und Wiener Walzer tanzen, wie im Kino. Und du wirst mit deinem Kavalier die Balustrade entlangflanieren, einen bemalten Fächer in der Hand, mit dem du dir elegant Luft zufächelst, und formvollendete Handküsse entgegennehmen. Das ist Frieden.

Aber die Wirklichkeit sah anders aus. Wir lagen buchstäblich im Dreck.

CAROLA STERN *aus: »Uns wirft nichts mehr um«*

Flickenkleider

Kleidung gab es für die heranwachsende Jugend in dieser Zeit kaum bzw. gar nicht. Mit sogenannten Punktkarten konnte man – sofern man sie bekam – Bekleidung kaufen. Meistens war nichts in den Geschäften, und für eine größere Anschaffung, wie Schuhe oder Mäntel, mußte man ganz schön viele Punkte berappen. Aber Not machte erfinderisch – ein gängiges Wort damals. Die Kinderkleider, inzwischen zu kurz, zu eng oder entzwei, wurden geschickt verändert. Die Oberteile wurden zum Beispiel mit anderen Stoffteilen vergrößert und aus den übrig gebliebenen Stoffresten Quadrate geschnitten. Die wurden zu neuen Röcken zusammengenäht – die sogenannten Flickenkleider.

HILDEGARD *aus: »Kürbisse im Böcklerpark«*

In unserer Küche stand ein Volksempfänger; wann immer Maria von Schmedes' »I hab rote Haar, feuerrote Haar sogar« ertönte, wurde das Radio lauter gestellt. Es war schrecklich: ich hatte nämlich diese feuerroten Haare, und Sommersprossen dazu. Ich litt sehr darunter.
Als ein Cousin aus der englischen Gefangenschaft nach Hause kam, brachte er mir eine Creme gegen Sommersprossen: bei der ersten Frühjahrssonne aufgetragen, würde sie die Sommersprossen nicht rauskommen lassen. Die Hoffnungen haben sich nie erfüllt.

BURGEL ZEEH

Burgel mit Sommersprossen

Kein Studienplatz für die Kapitalistentochter

Als ich mit sechs Jahren mit meinen Eltern und den Brüdern Joachim und Christian in das Märchenschloß »San Remo« auf dem Weißen Hirsch in Dresden einzog, begann die wohl schönste Zeit meiner Kindheit. Noch ahnte damals in diesem Haus inmitten von eigenen Gärten und Weinbergen am Hang oberhalb der Elbe niemand, daß uns noch ganz andre Zeiten bevorstehen würden.

Unser Vater hatte außerhalb von Dresden seinen Betrieb, eine große Schuhfabrik, und pendelte täglich zwischen hier und dort. Eine schwere Erkrankung brachte es mit sich, daß er sich schon nach sechs Jahren gezwungen sah, sich von dem geliebten Anwesen wieder zu trennen.

Vor Ende des Krieges verwirklichte ich meinen großen Traum und begann gegen den Willen des Vaters ein Kunststudium an der Akademie der Bildenden Künste in Dresden. Während des Grundsemesters bestand unsere Aufgabe z. B. auch darin, für die Gauleitung »Katastrophenpläne für den Ernstfall künstlerisch zu beschriften«.

In dieser Zeit war es dann auch, daß ich im Zuge des Studentischen Kriegsdienstes als Straßenbahnschaffnerin den Bombenangriff auf Dresden 1945 miterleben mußte. Mein großer Bruder kämpfte an der Ostfront, ohne jemals von dort zurückzukehren, mein kleiner Bruder ging noch in die Schule, und so fiel die Wahl auf mich, den kranken Vater im Betrieb zu stützen; ich trat in die Leitung der Fabrik mit ein. Aber auch nach dem Krieg kamen keine glücklichen Jahre auf uns zu, wir wurden enteignet, und wir mußten von einer Stunde auf die andre Häuser und Fabrik verlassen.

Weitestgehend mittellos, bewarb ich mich ein zweites Mal an der Akademie und wurde zugelassen. Nun konnte ich in der Studienklasse »Freie Graphik« bei so wunderbaren Lehrern wie Joseph Hegenbarth und Hans Theo Richter oder dem alten Lithographen, der noch für Otto Dix gearbeitet hatte, meine Studien betreiben. Es waren glückliche Jahre mit rauschenden Akademiefesten.

Nach sechs Semestern wurde ich jedoch aufgrund meines Status als »Kapitalistentochter« suspendiert und hatte keine Möglichkeit mehr, ein Diplom zu erreichen. Aufgeben mochte ich trotzdem nicht. Gerne nahm man mich an der berühmten Graphischen Sammlung auf, und so konnte ich, peu à peu, nach der später erfolgten Flucht in den Westen auch in den Sammlungen München, Coburg und am Germanischen Nationalmuseum Nürnberg meinen freien Beruf der Restauratorin für Handzeichnungen und Druckgraphik erlernen, den ich sogar heute noch mit großer Freude ein wenig ausübe.

ANITA KÄSTNER

Die Villa »San Remo« in Dresden hatte kurz vor dem Krieg ein Amerikaner gekauft. Er wurde später aufgrund unbelegter Gerüchte, daß vom Turm des Hauses aus der Angriff auf Dresden gesteuert worden wäre, zeitlebens ins Gefängnis gebracht

Anita und ihre Freundinnen

Die erste Dauerwelle

Eine der ersten Modenschauen nach dem Krieg, Wiesbaden 1948

Mit ihren fünfzehn Jahren fühlte sie sich eher als junge Frau denn als kleines Mädchen. Begeistert reagierte sie daher auf den Vorschlag ihrer Mutter, mit ihr gemeinsam zum Friseur zu gehen. Sie kam sich so verwahrlost und ungepflegt vor und wollte neben den Berlinerinnen doch nicht wie ein häßliches Entlein aussehen. Man sollte in ihr nicht gleich das arme Flüchtlingskind erkennen. Ein kleiner Salon in einem unversehrten Haus; die gesamte Einrichtung war heil geblieben. Nach einigem Zögern entschied Marga sich für eine Dauerwelle. Die erste in ihrem Leben. Ihre langen Zöpfe fielen der Schere zum Opfer, und aus dem ostpreußischen Mädel wurde eine flotte junge Dame – soweit das für eine Heimatvertriebene möglich war. Die Müllers lebten ja immer noch in dem ehemaligen Pferdestall auf einem Blätterlager. Dennoch: es gab plötzlich wieder anderes als nur die Sorge ums tägliche Brot, ums reine Überleben.

Aus: »Treibgut des Krieges«

Ingeborg als Lehrling im S. Fischer Verlag

Du darfst nie zeigen, daß du gescheit bist …

»Meine Tochter Inge darf ab Januar 1946 wieder die Höhere Mädchenschule besuchen.« Diese Mitteilung hatte mein Vater, der Kinderarzt war, auf eines seiner Rezeptformulare geschrieben und mir als Geschenk 1945 unter den Weihnachtsbaum gelegt. Nachdem die Schulen nach Kriegsende 1945 wieder geöffnet hatten, war ich in eine Friseurlehre geschickt worden. Im existentiellen Wirrwarr der Nachkriegszeit hatte mein Vater gedacht, mir weder eine Höhere Schule noch ein späteres Studium finanzieren zu können (sowohl für Höhere Schule wie auch für Universität mußten Eltern damals noch bezahlen).

Nun also durfte ich, damals fast sechzehn Jahre alt, endlich wieder in meine geliebte Schule gehen. Ich lernte leicht – außer Mathematik. Ich wollte das Abitur machen und dann Medizin studieren, um die Praxis meines Vaters zu übernehmen. Gleichzeitig schwelgte ich aber auch in anderen Berufsvorstellungen wie Tierärztin, Schauspielerin, Dolmetscherin oder Gymnastiklehrerin. Doch ich spürte immer wieder, daß schon allein meine Idee, überhaupt einen Beruf zu erlernen, auf sehr reservierte

Reaktionen bei meinen Eltern oder auch Großeltern stieß. Auf den Traum von der Tierärztin meinte mein Vater: »Du kannst doch keine Kuh entbinden!« Der Kommentar zur Schauspielerin lautete: »Du gehsch mir net unter die Scheurepurzler!« (Das ist schwäbisch, die »Scheure« sind die Bretter, und die »Purzler« sind die Schauspieler, die darauf »herumpurzeln«.) Die Dolmetscherin hätte Auslandsaufenthalte vorausgesetzt, aber mein Großvater drohte: »Ich würde nie ein Mädchen heiraten, was schon mal allein in Paris war.« Auch England als Au-pair war tabu. Und eine Gymnastiklehrerin sei erledigt, wenn sie sich ein Bein breche. Daß in meinen Alternativen auch das Medizinstudium mit späterer Übernahme der Praxis vorgesehen war, schien meinem Vater ebenso wenig Anlaß zur Freude gewesen zu sein, denn er nahm mich zwei Jahre vor dem Abitur wieder von der Schule mit der Begründung, daß ich schlecht in Mathematik sei. Das stimmte, aber in allen anderen Fächern lag ich mit an der Spitze der Klasse. Meine Klassenlehrerin schrieb einen flehenden Brief, seine Entscheidung zu überdenken, es half nichts, ein Freund hatte ihm eine Lehrstelle für mich in seiner Buchhandlung angeboten. Nun war das für mich als Leseratte nicht die schlechteste Wahl. Ich stürzte mich mit viel Freude in diesen Beruf, hörte aber nie auf, dem entgangenen Abitur nachzutrauern.

Mit Kindern über ihre Zukunftsvorstellungen zu sprechen war zu jener Zeit nicht üblich. Mein Vater hatte verfügt und damit basta, und ich habe nicht gewagt, dagegen zu rebellieren. Wichtig war ihm dagegen, mich an den in seinen Augen richtigen Ehemann zu bringen. Vor allem bleute er mir ein: »Du darfst nie zeigen, daß du gescheit bist, Männer mögen keine gescheiten Frauen.«

Nach dem Tod meines Mannes setzte ich mich noch einmal auf die Schulbank des Ulmer Abendgymnasiums und machte im Jahr 1987 mit siebenundfünfzig Jahren Abitur. Mein Abiturzeugnis mit der Note 1,2, außerdem der Scheffel-Preis für den deutschen Aufsatz und die Urkunde fürs Latinum waren neben dem Rezeptzettel meines Vaters von Weihnachten 1945 die schönsten Geschenke meines Lebens – außer meinen drei Kindern.

INGEBORG FRIED

In Ulm kam ich mal wieder in eine neue Klasse. Da mußte ich Englisch nachholen. Langsam ging es mir auf die Nerven, daß ich bei Beginn eines neuen Schuljahres jedes Mal wieder den Namen und den Beruf meines Vaters angeben mußte. Am schlimmsten war, wenn ich ganz am Schluß sagen mußte: »gefallen«. Wie ich die Mädchen in meiner Klasse im Mädchengymnasium beneidete, die antworten konnten, mein Vater heißt soundso, Beruf Arzt oder Geschäftsmann, in Ulm ansässig. (Nach der Mutter wurde man ja nie gefragt.) Schlechter als ich waren, fand ich, eigentlich nur noch diejenigen dran, die bei der Frage nach ihrem Vater am Schluß sagen mußten: »vermißt«. Da war mir mein gefallener Vater doch lieber.

Aus: »Weil du ein Mädchen bist«

Nach der Schule
in eine leere Wohnung, 1954

»Happy End«

Eine Halbwaise mit acht Jahren, drei jüngeren Brüdern und einer wunderschönen, achtundzwanzigjährigen Mutter geht mit Begeisterung in eine Ballettschule, und die Klavierlehrerin kommt zum Unterricht ins Haus.

Der Schrecken des Zweiten Weltkrieges zerstört das mühsam von der tapferen Mutter aufgebaute kleine Familienglück, denn das gemütliche Heim wird in einer furchtbaren Bombennacht ein Raub der Flammen, und die nun heimatlosen Geschwister werden auseinandergerissen, um bei Großeltern und Tanten außerhalb der Heimatstadt aufgenommen zu werden. Die »Große« – inzwischen Schülerin einer renommierten

Mädchen-Oberschule – kommt mit der »Kinderlandverschickung« (genannt KLV-Lager) in das von Bombardierung verschonte Allgäu. Bei einer Theateraufführung bekommt die schulisch nicht gerade Beste jedoch die Hauptrolle, und der Schuldirektor meint bei der Premiere zu der eingeladenen Mutter: »Ein Talent, dieses Kind, sie könnte wirklich Schauspielerin werden.« Er konnte ja nicht ahnen, daß er aussprach, was der Herzenswunsch für den weiteren Lebensweg des jungen Mädchens war. Schauspielerin – der Traumberuf! Sooft es möglich ist, geht man ins Theater, zusammen mit der besten Freundin, in den Mänteln der Mütter, man will ja erwachsen sein; man schwärmt für die Schauspieler und genießt das Erwachen von Kunst und Kultur nach einem schrecklichen Krieg. Adieu, schöne Illusion, auf den Brettern, die die Welt bedeuten, stehen zu können! Die Mutter »verordnet« nämlich einen soliden kaufmännischen Beruf, und die Tochter wandert mit Enttäuschung im Herzen nicht zu einer Bühne, sondern in ein Büro: Schauspielerei war nicht mehr gefragt. Aber in diesem Lebensstück gibt es doch noch ein »Happy End«: Der Chef des Unternehmens heiratet die junge Dame!

MARIANNE OBERSCHMID

Marianne Oberschmid und ihre Cousine Sybille, 1942

SELBSTKRITIK

Am 13. Dezember 1948 wurde der Verband der Jungen Pioniere, die Kinderorganisation für 6- bis 14jährige in der späteren DDR, gegründet. Antonia in Pionierkleidung mit ihrer Familie am 1. Mai 1953 in Ostberlin

Drei Jahre später, ich ging in die sechste oder siebente Klasse, erlebte ich selbst die Tortur einer Kritik- und Selbstkritik-Stunde, ganz in der Ordnung des Alphabets, I war dran, I wie Iglarz. Ich glaube, jemand warf mir vor, ich sei arrogant (arrogant wurde ich erst viel später und auch nur aus Notwehr), was meine beste Freundin Irene bewog, der Klasse ihre Erfahrung mit meiner Arroganz vorzutragen. Ich hatte ihr kurz zuvor das erste und einzige Abendkleid meiner Mutter gezeigt, aus fast weißer Jacquardseide mit schmaler Taille und einem weiten langen Rock, in dem meine hübsche Mutter aussah wie eine Prinzessin, jedenfalls für mich. Dieses Kleid hatte ich Irene gezeigt, und weil ich glaubte, mich für den unproletarischen Luxus eines solchen Kleidungsstücks entschuldigen zu müssen, hatte ich erklärt, daß meine Mutter mit ihrem Mann manchmal zu Empfängen gehen müsse und das Kleid darum wirklich brauche. Irenes Eltern waren mittlere Parteifunktionäre, die zu Empfängen nicht eingeladen wurden, das hatte ich nicht bedacht. Es wurde eine grausame Stunde. Ich weiß nicht warum, aber ich habe Irene später verziehen und war während der ganzen Schulzeit mit ihr befreundet. Nachdem mein Buch »Flugasche« 1981 im Westen erschienen war, wendete sie erkennbar den Kopf ab, wenn sie mich auf der Straße traf.

MONIKA MARON *aus: »Pawels Briefe«*

Yvonne in der Bernertracht, auf dem Kinderumzug des Sechseläutenumzugs in Zürich, um 1940.

... für die spätere Rolle als Hausfrau und Mutter

Wir haben überlebt«, so war der Titel eines Blattes, das mir kürzlich in die Hand geraten ist. Wir, die zwischen 1920 und 1930 Geborenen, haben überlebt, obwohl es zu dieser Zeit weder Fernseher noch Penizillin, noch Tiefgefrierprodukte gab. Wir mußten nicht aus einer Güterfülle das Sinnvolle wählen, sondern unsere Frage hieß: Wie gewinnen wir aus dem Wenigen das Notwendige? Dies prägte uns für das ganze Leben.

Die Schweiz war glücklicherweise vom Kriege verschont geblieben. War der Vater jedoch selbständig und hatte einen eigenen Betrieb, so hieß das: sparen zu Hause. Ich hätte gerne studiert. Zu dieser Zeit war es noch das Lateinische und das Griechische, was mich faszinierte. Doch in einem

Elternhaus, wo man ausgesprochen kaufmännisch und praktisch argumentierte, stießen solch ausgefallene Wünsche, wie diese »unbrauchbaren« Sprachen zu lernen, auf wenig Gehör. Man soll etwas lernen, womit man sein späteres Leben auf sichere Füße stellen könne. So z. B. Hutmacherin oder Schneiderin. Zudem wäre das auch sinnvoll für die spätere Rolle als Hausfrau und Mutter. Diese Rolle war einem klar zugeschrieben, und auch ich hatte nichts gegen eine solche Rolle einzuwenden. Ich machte im Kinderspital eine Lehre als Laborantin, das kam meinem ursprünglichen Berufswunsch, Apothekerin zu werden, am nächsten. Als ich danach meine erste Stelle in Genf antrat und dort in der Pension ein Klavier in meinem Zimmer stand, wurde mir plötzlich bewußt, was ich in Zukunft machen möchte, nämlich ein Klavierstudium beginnen. Kurzentschlossen hatte ich mich am Konservatorium angemeldet und berufsbegleitend zu studieren begonnen. Meinen Abschluß machte ich dann in Zürich.

Mein Vater hatte dafür kein Verständnis, zum Glück gab es ein Sparbuch von meinem Großvater, das mir die Ausübung des Studiums ermöglichte. Noch heute bin ich ihm dankbar für diese Vorsorge. Zwar hatte ich schon als kleines Kind Klavierunterricht bekommen, aber ich war nicht beständig genug, um schon klar diese Neigung zu erkennen. Um ein Musikstudium zu absolvieren, muß man ausgesprochen fleißig und diszipliniert sein. Das war ich noch nicht während meiner Jugendzeit. Diese Eigenschaften haben sich erst während des Studiums entwickelt.

Gerechterweise muß aber gesagt werden, daß ich von meinem Elternhaus ein ausgeglichenes Verhalten, Pünktlichkeit und auch Sparsamkeit mit auf meinen Lebensweg mitbekommen habe, alles Eigenschaften, die mir in meinen späteren Tätigkeiten enorm geholfen haben. Meine großen Vorbilder habe ich jedoch erst nach meinem zwanzigsten Lebensjahr getroffen. Sie haben mein ganzes späteres Leben geprägt und geformt.

YVONNE LANG-CHARDONNENS

Für meine Mutter war ich jetzt der Partner

Geboren 1939, hatte ich das Glück, 1945 im richtigen Alter eingeschult zu werden. Meine Mitschülerinnen waren fast alle ein bis zwei Jahre älter als ich, was beim Lernen niemanden interessierte. Nur wenn es um die Freizeit ging, spielte das für meine Eltern eine Rolle.

Als meine Freundinnen anfingen, sich zur Tanzschule anzumelden, wurde entschieden, mit vierzehn Jahren ginge man nicht in die Tanzstunde. Aber ich habe mich durchgesetzt, erklärte störrisch, ich ginge jetzt mit allen, oder gar nicht. Die Tanzstunde war eine ganz neue Erfahrung. Die Bettina-Schule, eine Mädchenschule, wurde von uns nur »Bettina-Kloster« genannt, weil das Schulende immer so mit der Goethe-Schule für Jungen abgestimmt wurde, daß man sich auf dem Heimweg nicht begegnete. In der Tanzstunde nun kamen wir erstmals mit den Jungen in Kontakt. Wir hatten auch Unterricht in Etikette, z. B. wie man sich vorstellt. Wir lernten, daß der Herr seiner Dame zum Abschlußball Blumen mitbringt und Handschuhe trägt, damit er nicht mit seinen verschwitzten Fingern die Dame im Rückendekolleté berührt.

Selbstverständlich trug auch die Dame immer Handschuhe! Weihnachten 1953 bekam ich mein erstes Abendkleid, »gletscherblau«, Silberriemchensandalen und alles Zubehör.

Am 25. Januar 1954 starb mein Vater. Bei der Beerdigung wurde meine Mutter gefragt, ob sie mich schon von der Tanzstunde abgemeldet hätte. Trotz heftiger Proteste einiger Tanten blieb meine Mutter bei ihrer Meinung, sie wolle nicht, daß ich immer an meinen Vater denken würde mit der Erinnerung, daß ich seinetwegen um meinen Abschlußball gekommen wäre. Ich war jetzt mit fünfzehn Jahren der einzige Partner für meine Mutter, vom Opernbesuch bis zu den Kurzreisen. Die Tanzstunden, die ich weiter besuchte, und die Übungsabende, die in der Börse oder im Palmengarten stattfanden, und auch mein erster Freund, den ich beim Abschlußball kennengelernt hatte, halfen mir in dieser Zeit, ein bißchen Freiraum zu bekommen. 1955 hatte ich meine mittlere Reife, 1956 den Abschluß der Höheren Handelsschule und fing in einer Bank als »Anfänger« an (Lehrstellen gab es damals auch kaum). In zwei Jahren wurde ich in fünf Abteilungen ausgebildet. Es war eine sehr schöne Zeit. Mit neunzehn Jahren heiratete ich, mit zwanzig Jahren war ich Mutter. Für heutige Verhältnisse eine sehr kurze Jugend, was ich damals aber nicht so empfunden habe. Ich erinnere mich sehr gern daran zurück.

MARGOT FABER

Halbstarke

Ambivalenz der guten Noten

Als altsprachliches Gymnasium sah sich unsre Schule damals als elitäre und somit männliche Bildungsstätte, wo wir paar Mädchen gerade mal geduldet waren und wo die ebenfalls praktisch ausschließlich männlichen Lehrer noch eine recht einflußreiche Rolle spielten für den Status der jeweiligen Schülerin. So konnte man sich auch als nicht anerkannt attraktives Mädchen durch die Anerkennung der Lehrer durchaus einen sicheren Platz im sozialen Gefüge erobern, während gute Noten bei einem attraktiven Mädchen schnell als Geschenk eines verblendeten Lehrers diskreditiert wurden. Hochkomplex, das alles, und man konnte nur froh sein, diese schwierigen Jahre bis zur Matura in Ruf und Leistung einigermaßen unbeschadet hinter sich zu bringen.

Aus: »Hauptsache heiraten«

Traum in Perlontüll. Stärken konnte man die Petticoats mit Zuckerwasser

Sprachschwierigkeiten

Die Diktion für Miteinanderschlafen war übrigens »es tun«, der diesbezügliche Wortschatz trotz Oswald Kolle noch generell sehr wolkig. »Körperliche Liebe« war noch gängig, »Liebesakt« und, sehr beliebt, »sich hingeben«; seltener, vor allem von Religionslehrern bevorzugt, war »beiwohnen«. »Vögeln« hatte ich noch nie gehört, das schmutzige Wort für miteinander schlafen war das andere, das ich heute noch kaum aussprechen kann, als so sehr tabuisiert habe ich es kennengelernt. Vom Nachbarsbub, als Kind. Außerdem war ich Klaus dankbar, daß er mich so überzeugend in das absolut Gräßliche dieses Wortes eingeweiht hat. Sonst wär's mir vielleicht so gegangen wie einer Freundin, die sich dessen nicht so bewußt war. Sondern es – anläßlich des Nitribitt-Mordes 1957 und der daraus entbrannten, erstmals in Deutschland geradezu öffentlich geführten Diskussionen über Sex – in aller Unschuld aufgeschnappt und in ihren Wortschatz aufgenommen hat. Damit löste sie in der Klosterschule ein Erdbeben aus, wurde von der Obernonne als vom Teufel besessen bezichtigt und flog von der Schule.

Aus: »Hauptsache heiraten«

DAS ERSTE MAL

Deren Ruf in Form einer dringlichen Einladung nach Düsseldorf nahm ich bei nächster Gelegenheit an, bewunderte Lebensstil, Bungalow und Swimmingpool, trank mir ordentlich – mit einer Ananasbowle, sehr lecker, und dem ersten Whisky meines Lebens – Mut an und brachte die Sache beherzt und einigermaßen komfortabel hinter mich. Das einzig Schlimme war der fürchterliche Kater am nächsten Tag, auch das zum ersten Mal. Mir war so was von grauenhaft schlecht, daß es mir heute noch den Magen umdreht, wenn ich dran denke.

Mit solcherart Erfahrungen vielfältig gewappnet, konnte ich mich auf Manfred einlassen, den ich inzwischen kennengelernt hatte und der wirklich ganz reizend war. Der aber leider nur eine Zweizimmerwohnung in München bewohnte und einen VW fuhr, was mich in schnöder Verblendung den Lockungen von Ulrichs Villa und Mercedes erliegen ließ.

Aus: »Hauptsache heiraten«

Urlaubsstimmung

Italien!

Italien war Ende der fünfziger Jahre das Synonym für Adria und Urlaub. Und folglich ist meine Tante mit meinem Bruder und mir unter den Heerscharen deutscher und österreichischer Touristen an die Adria gefahren.
Auf dem Markt von Riccione habe ich mir heimlich meinen ersten Büstenhalter gekauft, massiv gefüttert und, wenn schon, denn schon, rund abgesteppt, weil ich doch schon vierzehn war und noch immer keinen Busen hatte, und unter das hinreißende Betty-Barclay-Kleid mit Stufenrock und rosa-weißen Vichykaros gehörte einfach Busen.

Aus: »Hauptsache heiraten«

Comic-Hysterie

Mein Vater, ganz Studienrat, hatte uns in einem pädagogisch inszenierten Auftritt bereits deutlich gemacht, was mit etwaigen von ihm konfiszierten Comics passieren würde: Er zitierte uns in sein Zimmer, öffnete mit Schwung die Ofentür (den Ofen hatte er, Heizung hin oder her, als nostalgisches Relikt oder für solche Auftritte beibehalten), deutete in die züngelnde Brikettglut und sprach: »Hier hinein kommt in meinem Haus jedes von diesen Schundheftchen, das ich bei euch finden sollte!« und machte die Ofentür wieder zu. Deshalb rückte mein Bruder erst nach ausführlichen Verhaltensmaßregeln, wie ich zu verhindern hatte, daß mein Vater die Comics doch noch zu Gesicht bekäme, die neue Micky Maus/ Akim/ Tarzan ... heraus. Ich steckte sie unter den Pullover und sauste aufs Klo, wo ich für längere Zeit sicher war. Micky Maus war mein absoluter Favorit, und als meine Mutter allmählich selber ihrem Witz erlag, wurde die Sache für uns einfacher. Zumindest zu Hause.

In der Schule herrschte die absolute Comic-Hysterie. Comics waren unter Strafandrohung verboten, die Lehrer taten, als wäre der Untergang des Abendlandes durch die Sprechblasen-Kultur unabwendbar.

Aus: »Hauptsache heiraten«

Das machte Lehrer wie Eltern echt fertig

An die GIs hatte man sich ja inzwischen gewöhnt. Sie gehörten zum Stadtbild, hatten oft deutsche Frauen, wurden von ihrer Militärpolizei bestens in Schach gehalten und gaben eine Menge willkommenes Geld aus. Aber diese durch ihre ungebremste Lautstärke gehörschädigende »Negermusik«, die durch ihre Sprechblasensprache debilitätsfördernden Comics oder die durch ihre Enge die Fortpflanzungsorgane gefährdenden Bluejeans, das machte Lehrer wie Eltern echt fertig. Und jetzt wirbelte noch der Hula-Hoop-Reifen durch alle Pausenhöfe, Wohnzimmer und Schwimmbäder.

Damit nicht genug, ging schon im Sommer das Gerücht, daß Elvis persönlich seinen Wehrdienst in Deutschland absolvieren sollte. Sämtliche Städte, die eine US-Kaserne ihr eigen nannten, hofften, beziehungsweise – je nach Sicht der Dinge – fürchteten, der Gott der Teenies würde seinen Seesack bei ihnen auspacken.

Aus: »Hauptsache heiraten«

Jella in München, vor dem Tennisspiel

Marianne Koch in
Bluejeans

Jeans-Kult

In der Turmstraße in Moabit gab es einen Laden, wo man original amerikanische Jeans bekommen konnte. Er war einer der wichtigsten Orte Westberlins. Mit einem anderen Mädchen aus meiner Klasse trampte ich ein paar Mal nach Moabit, um neue Jeans der Marke Lee oder Levis zu besorgen, die zu haben unerläßlich war. Wir hielten Autos an, bis jemand uns nach Moabit mitnahm. Probleme gab es damit nie. Die neuen Jeans nähte man sich ganz eng oder stieg damit in möglichst heißes Wasser in die Badewanne, oder beides. Am besten war es, wenn die Jeans so eng waren, daß man sie nur mit großer Mühe anziehen konnte, und wenn sie außerdem ein bißchen verwaschen aussahen. Einmal hatte ich ein paar Jeans perfekt hingekriegt. Am 17. Juni 1957, einem Feiertag, fuhr ich in meinen neuen Jeans zum Strandbad Wannsee. Ich brauchte etwa fünf Minuten, um die Jeans auszuziehen. Jemand hatte offenbar gesehen, wie toll sie waren. Während ich im Wasser war, wurden sie geklaut. Ich mußte im Badeanzug mit T-Shirt darüber in der S-Bahn nach Hause fahren.

SARAH HAFFNER *aus: »Eine andere Farbe«*

Teenager-Idol

Jahrelang hat die Sängerin ihnen alles gegeben: der Reindl und vielen anderen weiblichen Teenagern diese modische Kurzhaarfrisur, die so unkompliziert scheint und leicht mit ein paar Handgriffen zu richten ist. Dazu die richtige Kleidung, die immer »flott« ist, »praktisch« und »burschikos«, ohne viel Firlefanz, dennoch chic und zeitgemäß. Das sind Jeans oder Latzhosen, dazu ein Pulli oder eine Bluse, darüber ein Halstuch nach Western-Art. Oder ein kleines Kostüm, schwarz, mit weißer Bluse, und spitze Schuhe mit Pfennigabsatz, genau richtig für den Bummel mit Papa. Oder – ideal für jede Party – ein gepunktetes Plisseekleid, mit Rüschen am Saum und einem Petticoat darunter, die Arme frei und ein kleiner Ausschnitt, der mal ein Dekolleté werden will. 1958 hat die Karriere der Cornelia Froboess als Sängerin und Teenager-Idol begonnen. Sie ist gerade fünfzehn Jahre alt und sieht fast idealtypisch aus: keine auffallende Schönheit, aber auch kein Mauerblümchen, ein Backfisch halt, ein Teenager, ein Mädchen auf dem Weg zur Frau, ein Kumpel, eine Freundin, eine reizende Tochter. Dazu scheint sie ganz natürlich (oder was auch immer man dafür hält), ist leidlich selbstbewußt und hat stets einen flotten Spruch auf den Lippen. Sie ist aber auch brav im richtigen Moment, von koketter Schüchternheit und bar jeglicher Erotik. Kurzum, Conny ist »keß«, ein Begriff, den man eigens für sie erfinden müßte, gäbe es ihn nicht schon längst.

ELMAR KRAUSHAAR *in: »Deutsche Kinder«*

Schon wieder alles voller Juden

Es war wohl Ende 1955, als wir die Verfolgung der Juden im Dritten Reich durchnahmen. In unserem Geschichtsbuch stand darüber ein einziger Satz. Unsere Lehrerin machte eine Stunde darüber, in der sie nichts beschönigte. Am Ende der Stunde sagte eines der Mädchen: »Im Nordwestdeutschen Rundfunk ist schon wieder alles voller Juden.« Ich stand auf, verließ den Klassenraum, nahm mein Fahrrad und fuhr nach Hause. Zum ersten Mal in meinem Leben war ich direkt mit Antisemitismus konfrontiert worden. Zum ersten Mal wurde ich darauf gestoßen, daß ich nicht nur englisch war, wie ich mich damals empfand. Am nächsten Tag kam der Direktor, ein ehemaliger Nazi, und forderte mich auf, mich vor der Klasse für mein Herausgehen zu entschuldigen. Ich weigerte mich.

SARAH HAFFNER *aus: »Eine andere Farbe«*

Conny Froboess und Peter Kraus – Traumpaar des deutschen Films

Sie sahen aus wie Elvis

Ich war unversehens zum Backfisch oder Teenager geworden. In Ulm machten die ersten Halbstarken von sich reden. Sie traten in Gruppen auf und gaben mit ihren Motorrädern an. Sie sahen alle irgendwie Elvis Presley ähnlich. Aber das war eine andere Welt. Meine Ulmer Tante ließ mir einen Trägerrock aus rot-grün-weißem Trachtenstoff nähen, dazu eine weiße Dirndlbluse. Mir kam das langsam kindisch vor. Ich genierte mich schrecklich, als ich in dieser Aufmachung zur ersten Tanzstunde ging. Die anderen Mädchen trugen schon seidene Strümpfe, besser gesagt Nylonstrümpfe.

Aus: »Weil du ein Mädchen bist«

HAUSBALL

Einmal richtete meine Tante für meinen Bruder und mich einen Hausball aus: mit Schallplattenmusik, kaltem Buffet und Bowle. Meine kleinen Kusinen hatten die große Diele dekoriert und sich ein Programm ausgedacht. Eine von ihnen führte irgendwelche Verrenkungen vor. Ich trug, glaube ich, das Kleid vom Abschlußball der Tanzstunde. Bei diesem Ball, zu dem auch meine Mutter hingehen mußte, trug ich als einzige dreiviertellang, alle anderen Mädchen hatten sich lange Kleider ausgesucht. Damit konnten sie bestimmt nicht Rock 'n' Roll tanzen! Zu dem Hausball jedenfalls durfte ich eine Freundin und einen Freund einladen (natürlich schriftlich). Hauptsache, sie waren aus guter Familie. Sie brachten einen Blumenstrauß mit und sagten »gnädige Frau«. Als weitere Gäste hatte meine Tante noch Kinder von ihren Bekannten eingeladen. Mein Bruder war der Conférencier, er sorgte für Stimmung. In der Schülerzeitung hat er über die Tanzstunde geschrieben: »Zu wünschen wäre es, wenn die Formen des ersten Kennenlernens (das heißt des Vorstellens) und das Auswählen des Partners wieder etwas formelleren Charakter annähmen und nicht einer rein äußerlichen Einschätzung und Verteilung gleichkämen.«

Bei dem Hausball gab es auch einmal Damenwahl. Damenwahl war immer sehr aufregend. Ziemlich peinlich war es hingegen, dazusitzen und zu warten, ob mich vielleicht ein Junge zum Tanzen auffordern würde.

Als letztes Lied wurde entweder »Auf Wiedersehn, auf Wiedersehn, bleib nicht so lange fort ...« gespielt oder »Weißt du, wieviel Sternlein stehen?« Um halb elf war der Hausball zu Ende.

Aus: »Weil du ein Mädchen bist«

Gabriele mit ihrem Tanzstundenpartner

Antje im
Rettungsring

Der erste Kotau meines Lebens

Es hätte an ein Wunder gegrenzt, blauäugig und mit blonden Zöpfen, als gute Schülerin und Junger Pionier ein nicht angepaßtes Mädchen zu werden. Ich gab der Verführung nach, durch artigen Liebreiz zu bestechen: Du merkst, man lobt und mag dich, wenn du freundlich knickst, bescheiden »Guten Tag« flüsterst und zum Geburtstag dein eingeübtes Sprüchlein aufsagst. Aber es gab da diese wenigen Momente, wo plötzlich etwas aufbrach, wo sich etwas Raum suchte, was auf Dauer nicht zu verschließen war – Eigensinn; Lust, die eingeübten Rituale zu durchbrechen und den Erwartungen nicht zu entsprechen. Staunend nahm ich wahr, wie sehr die Erwachsenen zu verunsichern waren, wenn ich, anstatt den Nachbarn das übliche Geburtstagsgedicht aufzusagen, im Ohrensessel Platz nahm und den erwartungsvollen Gesichtern ein stundenlanges Schweigen entgegenhielt. Die Verblüffung zeigte, in mir war ein Ich, das sie nicht kannten und das sich ungesteuert Bahn brach.

Der erste Schultag nach den großen Ferien versprach Pflicht und Verheißung zugleich. Morgens über die Brücke gehen »ins Leben«. Auf der rechten Seite, hinter den Trauerweiden das Haus, links der See mit den Schilfufern, ein Dampfer mit Kähnen flußabwärts, sie fuhren in die Ferne … Dann auf den Schulhof, zum Fahnenappell. Da wurde es eng. Reihen bilden, am Nebenmann ausrichten, Augen links, Augen rechts – kein Platz für Übermut; die Pionieruniform machte uns zum Verwechseln ähnlich. Fahnen hissen, Lieder singen. Der Direktor stellte eine neue, junge Lehrerin vor, sie würde unsere 3. Klasse übernehmen. Im Klassenraum wieder still gestanden, doch in jenem Jahr noch nicht wie in den folgenden: »Zur Meldung«, sondern noch für ein »Guten Morgen«. Ich war fröhlich, neugierig, wie es mit der jungen Lehrerin sein würde, machte den Mund auf und wünschte einen … »Guten Abend«. – Einen kurzen Augenblick lang herrschte Schweigen; etwas Unerhörtes war geschehen. Die Verblüffung in ihrem Gesicht wich schnell aufgesetzter Strenge, doch für den Bruchteil einer Sekunde hatte es so ausgesehen, als ob sie lachen wollte. Dann aber rief sie all ihre gerade erworbenen Kenntnisse zur Erlangung von Autorität in Erinnerung, zitierte mich zum Direktor, der sich gebärdete, als hätte ich die Staatsmacht ins Wanken gebracht. Er verlangte eine förmliche Entschuldigung vor der Klasse – den ersten Kotau meines Lebens. Da ging eine mir Fremde nach vorn, nicht vor Scham für »die Tat«, sondern mit einem diffusen Gefühl von Unterwerfung und Ausgeliefert-Sein.

ANTJE TAFFELT

Er ist jung, er hat Charisma, wir liegen ihm zu Füßen …

Der Geruch von Tang, von Kuhfladen auf Weiden, Fischkuttern im Hafen und der salzige Atem der friesischen Nordsee, das ist die Kindheit, die ich hinter mir lasse, als ich mit zwölf in der Kleinstadt im waldreichen Herzogtum Lauenburg an der Zonengrenze meine neue Klasse in der Gelehrtenschule betrete. Daß Jungen und Mädchen – die Hälfte davon Flüchtlingskinder – nebeneinandersitzen, ist für mich ungewohnt. Gymnasium und Abitur sind kein Thema. Beim Lesen von Erich

Kerrin im Jahre 1956

Kästners »Fliegendem Klassenzimmer« denke ich, das sind wir. Ich mag meine Schule, meistens jedenfalls. Sie und meine Familie lassen meinem Eigensinn viel Spielraum. Am Wandertag rudern wir den Klassenlehrer auf dem See spazieren. In den Ferien singen wir im Zeltlager auf Sylt mit unserem Pastor A-cappella-Jazz in den Dünen, zelebrieren erstmals das Abendmahl nach der Konfirmation, machen Nachtwanderungen, haben »Zeltappell«. Ich abonniere die *Rasselbande,* die vermittelt Brieffreundschaften.

Es fällt mir schwer, die Vergangenheit, über die die Erwachsenen ständig reden, mit meiner Gegenwart in Beziehung zu bringen. Eines ist uns Teenagern aber wohl klar: Wir sind privilegiert, wir haben überlebt, die Katastrophe liegt hinter uns. Die Trümmer sind noch sichtbar, aber es ist Frieden. Fotos von Bergen-Belsen, dann die erste Fernsehserie über das Dritte Reich füllen und ergänzen die Erzählungen der Eltern mit Bildern. Ohne Wirkung bleiben sie nicht, denn als mein großer Bruder zum Militär eingezogen wird und in Uniform erscheint, heule ich. Der Geschichtslehrer drückt sich um das bißchen Zeitgeschichte, das auf dem Lehrplan steht. Ich kaue Nägel und hasse Dauerwellen. Mathe liegt mir nicht. Kein Wunder: »Perlen vor die Säue werfen«, sagt unser

Mathelehrer über uns Mädchen. Meine Mutter möchte, daß ich Medizin studiere. Sie hat das nicht dürfen oder sollen, damals 1935, wurde statt dessen Lehrerin für Biologie und Mathematik, leitet jetzt eine Realschule. Ich denke, kommt Zeit, kommt Rat. In der Untersekunda bekommen wir einen neuen Deutsch- und Geschichtslehrer. Er ist jung, er hat Charisma, wir liegen ihm zu Füßen, gehen trotz Verbot mit ihm in Kneipen, trinken Bier, rauchen – und reden.

Wir reisen immer in der Gruppe, stets unter Aufsicht, ein bißchen Wandervogel, ein bißchen Hitlerjugend. Zum Kirchentag in der Laienspielgruppe, im Austausch nach England, ins Ferienlager nach Sylt. Das ändert sich, als ich in die Schülerzeitung einsteige. Der alte Chefredakteur macht Abitur und sucht einen Nachfolger. Sie heißt »Der Insulaner« – wegen der Insel, auf der die Schule liegt –, sie ist Mitglied in der »Jungen Presse Schleswig-Holstein«, einer richtigen Jugendorganisation mit einem Vorstand, Kassenwart, ganz wie es sich gehört. Ich fahre Bahn – allein – zu den Tagungen in Kiel, Itzehoe und Eutin, ich bin aufgeregt und fürchte immer, im falschen Zug zu sitzen. Wir nehmen uns sehr wichtig und reden diszipliniert. Die Jungen aus anderen Gymnasien können das besser, schneller und überzeugender als ich.

Trotzdem macht es höllisch Spaß. Wir Mädchen sind sehr in der Minderzahl und müssen bei Werbeveranstaltungen der Bundeswehr unten bleiben, wenn die Jungen im Militärhubschrauber aufsteigen. Meine Mutter unterstützt meine freien Gehversuche mit Rat und Tat, und die Lehrer drücken ein Auge zu, wenn ich mich unerlaubt vom Unterricht entferne, um das Land auf Bundesebene zu vertreten. Die Schule wird nicht Nebensache, aber ihre Bedeutung relativiert sich angesichts des Horizontes, der sich mir auftut. Ich will mehr davon. Mit unserem Deutschlehrer fahren wir pflichtgemäß nach Berlin. Wir sind mit siebzehn nun fast erwachsen, er läßt uns laufen – durch die große Stadt, die noch nach Osten offen ist.

Danach beginnt sich ein Gedanke festzusetzen: das ist es, dort will ich hin – nach Berlin. Ich studiere Geschichte (»Brotlose Kunst«), obwohl ich nicht Lehrerin werden will – deutsche Geschichte.

KERRIN GRÄFIN VON SCHWERIN

Marx und May

Ich war wie ein Junge, bis sechzehn immer in Hosen und mit kurzen Haaren. Hab angefangen zu lesen, schon mit sieben, was ich fand, am liebsten Karl May. Wir lebten auf einer Insel im Teich. Da waren riesengroße Bäume, und oben hatten wir uns Stände gebaut, da saß ich und las stundenlang, bis die Sonne unterging. Unten hatten wir unsere Buden. In einer war eine Friedensecke, da wurden Zeitungsausschnitte und Leninbilder gesammelt. Wir haben gleichzeitig in unserer Zeit und mit Karl May gelebt. Wir waren im Gruppenrat und im Freundschaftsrat und bei den Indianern. Diese Jahre mit meinen größeren Brüdern waren sehr wichtig für mich. Es gab später nie das Problem, daß ich mich emanzipieren mußte.

KATJA *aus: »Guten Morgen, du Schöne«*

Thekla Carola Wied
mit 20 Jahren

Ich werde Schauspielerin

Ein halb verrosteter, geborgter Kinderwagen wurde angstvoll durch verdunkelte Berliner Straßen geschoben. In ihm lag meine Schwester Brigitte, und wenn sie schrie, schrie sie leise, manchmal lachte sie zaghaft oder weinte lautlos, aber am liebsten machte sie die Augen zu, frühes Zeichen ihrer Klugheit.

Ein Jahr später änderte sich die Phonstärke aus dem noch hinfälliger gewordenen Wagen, denn nun lag ich drin. Bei dieser unterschiedlichen »Lauthalsigkeit« blieb es übrigens. Ich schrie trotzig gegen alles an, als ob mir der kleine Ausschnitt dieser Welt schon reichte. Was ich aus dieser Perspektive wohl empfunden haben mag? Ich finde es noch heute ungerecht, daß uns die menschliche Natur das Bewußtsein der Innenwelten unserer ersten Jahre vorenthält. Später – und da setzt meine erste Erinnerung ein – wunderte ich mich über die zerstörten Straßen, die kaputten Häuser und die Gesichter mit ihrem traurig-emsigen Ausdruck. Aber jede Ruine war ein willkommenes Versteck für unsere Kinderspiele, jede Kuhle im aufgerissenen Straßenpflaster ein Murmelloch für die schönen bunten »Glasbucker«. – Da unsere Familie tendenziell nichts besaß, staunte ich über alles, was diese aus den Fugen geratene Zeit übriggelassen hatte. Mit dem Staunen hat alles angefangen, mit ihm wuchs die Phantasie, mit ihr das Träumen: Holzstücke mit gemalten Gesichtern und zu Zöpfen geflochtenen Wollfäden durchlebten ein seelenvolles Puppenleben. Meine Freundin Karin hatte schon bald einen Roller, ich »rollte« neben ihr, ein Fuß auf der Bordsteinkante, ein Fuß auf dem Damm. Und so bewegte ich mich zwar langsamer, aber auf eindringliche Weise der Welt meiner eigenen Imagination entgegen. Alles beobachtete ich neugierig, alles wollte ich entdecken.

»Kleene, jeh jetzt nach Hause, deine Milch wird sauer!« so der freundlich-ruppige Rat, wenn ich mich mit der Milchkanne offenen Mundes neben fremde Leute stellte und ihnen einfach zuhörte. Der offene Mund ist mir übrigens bis heute erhalten geblieben, man sagt, es sähe unintelligent aus, dabei ist es doch nur Ausdruck des Staunens. Aus der Dürftigkeit unseres Alltags zauberte ich mit Verkleidung, Verwandlung, Spiel und Büchern eine eigene, reiche Welt. In unserer Wirklichkeit nahm die existentielle Not mit der Ankunft unserer kleinen Schwester Karola eher noch zu, spärlich ausgeglichen durch ihr grundfröhliches Naturell, mit dem sie uns bisweilen noch heute entzückt. Da der Ehrgeiz unseres patriarchalischen, allzu strengen Vaters trotz tiefster Armut darauf gerichtet war, uns eine humanistische Bildung angedeihen zu lassen, paukte ich verdrießlich-unverdrossen Latein und Griechisch. Aber in Wahrheit interessierten mich nur die theatralischen Aspekte der römischen Geschichte und die Dramatik der griechischen Tragödien. Denn längst wußte ich, was ich vor den Eltern verschwieg: Ich werde Schauspielerin. Und so sah ich mich mal als römische Vestalin oder Hetäre, mal als Klytemnestra oder Elektra. Ich konnte – der Not gehorchend und dem eigenen Triebe – recht gut lügen, doch irgendwann mußte ich mit der Wahrheit heraus. Mein Vater tat das Schlimmste, was er tun konnte, er verhöhnte mich. Von da an wuchs mein Wille ins Unermeßliche, und als ich mit einundzwanzig endlich volljährig war und seinen Verboten nicht mehr ausgesetzt, riß ich mir das Schwesternhäubchen vom Kopf, beendete das diakonische Jahr, das nach dem elterlichen Willen auf ein ernsthaftes Studium vorbereiten sollte, und stand schon auf der Bühne der Schauspielschule vor der Prüfungskommission. Alles, was ich staunend entdeckt, gegen Widerstände erkämpft und lange zurückgehalten hatte, brach jetzt aus mir heraus, mit glühendem Feuer:

»Mein Alles hängt, mein Leben, mein Geschick an meiner Worte, meiner Tränen Kraft.« Schiller, »Maria Stuart«.

THEKLA CAROLA WIED

Zum Abschied küßte er uns beide

Nun ist alles vorbei. Nur das Foto ist geblieben und die Erinnerung. Mein braunsamtenes Konfirmationskleid hatte vorne 52 Samtknöpfchen, die sich ganz schwer knöpften. Am Hals schmückte mich Muttis schmale Goldbrosche. Ich trug am Konfirmationstag meinen ersten Büstenhalter, ausgestopft mit zwei großen Taschentüchern von Vati. Aber an diesem Tag wollte ich so erwachsen aussehen wie möglich. Denn der liebe Gott hatte meine Bittgebete erhört. Freunde meiner Eltern hatten ihr Kommen zugesagt, zusammen mit Sohn Ulli und Hund Hexe. Er kommt, er kommt, meine Vorfreude war grenzenlos. Hexe war die einzige Eingeweihte, denn niemand durfte wissen, daß der berühmte Theaterschauspieler, der zehn Jahre älter war als ich und die schönsten Frauen der Welt haben konnte, ein kleines Landmädchen liebt. Hexe mußte in der Dämmerung regelmäßig Gassi gehen. Auf Ullis Pfiff sprang sie auf, und ich folgte wie ein Magnet Hund und Herrchen zum Tanz in den siebenten Himmel. Im Mondlicht küßten wir uns. In diesen nächtlich verhexten Umarmungen und Küssen und Flüsterworten legte ich den Schwur ab, niemals einen anderen Mann so zu lieben wie Ulli. Zwei Jahre später kam ich ins Lettehaus nach Westberlin und wohnte im »Studienheim für studierende Damen«. Auch Ulli arbeitete inzwischen an einem Westberliner Theater und hatte Spaß daran, den »studierenden Damen« am runden Eßtisch Leseproben aus seiner Theaterarbeit zu geben. – Ich war es, die er besuchte, ich, die jüngste von allen Damen. Das machte mich beneidet, stark und unverletzlich. Immer dabei und aufmerksame Zuhörerin war auch meine beste Freundin Barbara. In den Sommerferien besuchte sie mich in Zeulenroda, und Ulli begleitete uns im Urlaub fast täglich mit Rilke- und Heine- und Goethe-Gedichten in den Thüringer Wald. Wir saßen zu seinen Füßen und lauschten den betörenden Worten. Zum Abschied küßte er uns beide. O arglose Seligkeit. Als Ulli wieder nach Berlin ging, mußte Barbara plötzlich abreisen. Bei unserem ersten Treffen nach den Ferien in Berlin erklärte sie mir kurz und bündig: Ich lebe jetzt mit Ulli, und er hat mir geschworen, daß zwischen euch niemals etwas war. Ich war fassungslos und außer mir und begriff gar nichts. Ein Todesstoß. Wozu all die Umarmungen, alle Lesungen und Gedichte. Was sollte das heißen, daß niemals etwas zwischen uns war. Gab es da noch ein anderes Etwas? Wovon sprach sie überhaupt?

ANNE RICHTER

Anne am Tag ihrer Konfirmation

Ulla Hahn
mit 17 Jahren

Mädchen mit »eigenem Kopp«

In einer Arbeiterfamilie der Nachkriegszeit, der es kaum fürs Nötigste reichte, war ein kleines Mädchen mit einem »eigenen Kopp« und zwei linken Händen ein Wesen, mit dem man wenig anfangen konnte. Ungefähr als gewönne man eine chinesische Vase, wo man doch auf die Bratpfanne spekuliert hatte. Aber die Familie, besonders die Großmutter, war gut katholisch und wir wohnten auf dem Dorf in einem Häuschen mit Garten nahe am Rhein. Biblische Geschichten, schöne Kirchenlieder, die Liturgie der heiligen Messe, Blumen, Gemüse, Sträucher und Bäume, die rheinische Landschaft, die mit dem Großvater erkundet wurde – all das war schon da, als ich mit drei in den Kindergarten kam. Für die liebevolle Ordensschwester Aniana war ich nicht mehr »dat dolle Döppe«, der trotzige, freche Störenfried. Der »eigene Kopp« wurde nicht mehr bestraft.

Aniana folgten verständnisvolle Lehrer. »Steh auf!« befahl mir der Lehrer, als andere Kinder, die nun weiterführende Schulen besuchen sollten, wie selbstverständlich aus der Bank traten. Zusammen mit dem Pastor überzeugte er die Eltern, mich wenigstens die Realschule besuchen zu lassen. Das Schulgeld von der Gemeinde besorgte er auch. Meine Banknachbarin, aus ähnlichen Verhältnissen wie ich und mit kaum schlechteren Noten, ließ der Lehrer sitzen. Nie vergesse ich ihren Blick aus Trauer und Neid, mit dem sie mich verabschiedete. Denn ein Abschied war es auch; wie jeder Aufbruch ein Abschied ist.

Steh auf! Das war der erste Schritt in die Freiheit der Entscheidung. Ich konnte wählen. Das ist das Wichtigste in der Kindheit: Chancen zu haben. Sich entfalten können. Menschen müssen da sein, die Kindern diese Möglichkeiten aufdecken und ihnen freundlich Mut machen, ihre Fähigkeiten zu erproben, zu zeigen, was in ihnen steckt. Nur in Freiheit kann ich den Weg wählen, der mir der beste scheint.

Doch man muß auch sagen dürfen: hier bleibe ich; ich will nicht weiter, weil ich nicht weiter kann. Kinder brauchen Hände, die sie tragen, auch Worte, die sie mahnen und ermutigen, aber keine ehrgeizigen Eltern, die sie zwingen! Auch ein anderes Mädchen trat damals mit mir aus der Bank, eine kaum mittelmäßige Schülerin, Tochter eines Prokuristen und einer Oberstudienrätin. Sie hatte sehr geschickte Hände und flocht mir aus meinen langen Haaren wunderschöne Frisuren; so gern hätte sie Friseurin gelernt. War meine Gefahr, das Leben in zu kleinen Schuhen zu verstolpern, so steckte man dieses Mädchen in zu große. Sie schaffte das Abitur schließlich doch nicht und landete, als die Eltern aus Standesdünkel auch noch die Verlobung mit einem Tischler hintertrieben, bei Bhagwan und Methadon.

Steh auf! Was ja nichts anderes heißt als: du kannst das! – Dieser magische Imperativ hat mich ein Leben lang begleitet. Später kam dann Schiller dazu mit seinem Evangelium der Freiheit, seinem Trotz alledem! Sich nicht von den Umständen unterkriegen lassen. Dreißig Jahre nach diesem ersten Steh auf! erhielt ich den Hölderlin-Preis. In der Begründung der Jury heißt es, meine Gedichte seien »zugleich eigenwillig und widerborstig«. Ausgezeichnet wurde ich also für genau das, was mir als Kind das Leben so schwer gemacht hatte, vielleicht weil es meinen Eltern Angst machte: mein Eigenwille, meine Widerständigkeit, der »eigene Kopp«.

ULLA HAHN

Schrill und unerzogen

1962–1988

Zeitblende

1962 Kuba-Krise • Spiegel-Affäre • 1963 US-Präsident John F. Kennedy ermordet • Die Schweiz tritt dem Europarat bei • 1964 Beginn des Vietnamkriegs • 1967 Tod eines Studenten bei Protesten gegen Schah-Besuch in Westberlin • Einzug des Farbfernsehers in Deutschland • 1968 Bürgerrechtskämpfer Martin L. King in den USA erschossen • Attentat auf Rudi Dutschke in Westberlin • Studentenunruhen in Paris • Einmarsch sowjetischer Truppen in Prag • 1969 Erster Mensch betritt den Mond • 1971 wird auch in der Schweiz endlich das Frauenstimmrecht angenommen • 1972 Terroranschlag auf das Olympische Dorf in München • 1975 Reform des Paragraphen 218 • Baader-Meinhof-Prozeß • 1976 Ausbürgerung Wolf Biermanns aus der DDR • 1976 Gleichstellung der Frau in der Ehe in Österreich • 1983 Die »Grünen« erstmals im Deutschen Bundestag • 1986 Gorbatschow kündigt Perestroika in der UdSSR an

Man wird sie nicht los

»Ich möchte wissen, wie es für dich gewesen ist, als ich geboren wurde, Mutter, warst du ...« »Als ob mir noch ein Leben dazugeschenkt worden wäre, so ungefähr...«
»Ich hab' dir aber nichts dazugeschenkt. Vom ersten Tag an war es mein Leben, meines, mein eigenes, mein Besitz, nicht deiner.«
»Nein, mein Besitz nicht, aber schon bei deiner Geburt: eine Hoffnung.«
»Ich möchte nicht mal deine Hoffnung sein, auch die bindet mich an dich, weißt du, Mutter, ich will mich frei machen.«
»Ich auch, Tochter. Manchmal wünsche ich meine mütterlichen Hoffnungen zum Teufel, man wird sie aber nicht los. Und wenn du sie später nötig hast ...«
»Du sollst mich loslassen, endgültig abnabeln, jetzt bin ich erwachsen wie du, Mutter. Vielleicht später werden wir gemeinsam ...«
»Du und ich? Glaubst du?«

GERTRUD WILKER *aus: »Elegie auf die Zukunft«*

Die erste Boutique in der Schweiz

Meine erste Modenschau war ein voller Erfolg. Wir sind mit Oldtimern von unserer Boutique, die den bezeichnenden Namen »Snob« hatte, mit den Models durch die Stadt gefahren. So etwas hatte es in St. Gallen noch nicht gegeben. Auf dem Photo trage ich ein Haarteil mit geraden Haaren, denn meine eigenen sind ganz lockig. Zu dem Hut und Kostüm, beides hatten wir in Paris eingekauft, paßten die langen Haare viel besser. Natürlich war es toll, daß wir immer ganz aktuell und so schick angezogen waren – schließlich hatten wir die erste Boutique in der Schweiz.

Die schöne Carla auf dem Abschlußball, 1962

Lily mit neunzehn Jahren auf ihrer ersten Modenschau in St. Gallen

Uns blieb gar keine Zeit zu rebellieren

Als ich zwölf Jahre alt war, beschloß meine Mutter, meinen Vater im Geschäft zu unterstützen. Da war meine verträumte Kinderzeit von einem Tag auf den andern vorbei: Die Veränderung machte mich traurig, ich habe meine Mutter vermißt, wie sie immer mit ihrer weißen Schürze in unserer großen Küche stand und immer Zeit hatte für uns. Plötzlich war die Wohnung leer, wenn ich nach der Schule nach Hause kam. Mit der Zeit gewöhnte ich mich daran und fand es dann auch interessant, mich nach der Schule im Geschäft aufzuhalten, statt in der leeren Wohnung Hausaufgaben zu machen. Ich hörte meiner Mutter beim Bedienen der Kunden zu, beobachtete die Kunden und unterhielt mich auch immer gut mit den Angestellten. Ich war ein neugieriges Kind, wollte wissen, wo all die schönen Gläser, das edle Geschirr herkamen und wie es gefertigt wurde.

Ich wurde ganz selbstverständlich auf die Handelsschule geschickt, denn wir Töchter sollten eine gute Ausbildung bekommen, damit wir schon bald ins Geschäft einsteigen konnten. So war dann auch meine erste Anstellung im elterlichen Geschäft in St. Gallen. Als ich neunzehn war, hat meine Mutter, die immer eine modebewußte Frau war, mit meiner Schwester und mir die erste Boutique der Schweiz eröffnet. Es waren die verrückten sechziger Jahre, und wir hatten eine tolle Zeit. Einkaufsreisen führten uns nach Paris, London und Mailand. Zum ersten Mal gab es Designer-Marken, und Einkäufer aus der ganzen Welt haben sich in den Mode-Metropolen zu den exaltierten Designer-Shows getroffen. Es war eine große Herausforderung für mich, so jung so viel Verantwortung zu tragen. Einmal hat mich der Chefredakteur einer großen Schweizer Zeitung gefragt, ob ich denn bei den Jugendunruhen wie meine Altersgenossen auf die Barrikaden gestiegen bin. – Uns blieb gar keine Zeit zu rebellieren.

LILY HONEGGER-SCHAAD

Ich bekam Pickel vor Neid

Die Eltern von Max besuchten schicke Fotoausstellungen, während meine Mutter immer noch mit mir in die Oper oder, noch schlimmer, in die Operetten gehen wollte, und Andreas flocht Camus in die Gespräche, während meine Eltern mir Stifter ans Herz legten. Ich meine, Stifter ist toll, nur zum Angeben war er halt ziemlich ungeeignet.

Aber etwas haben wir alle übersehen: Die Lilli, ein stromlinienförmiges Comicwesen aus der verpönten *Bild*, inspirierte Ruth Handler zu Barbie, der berühmtesten Puppe der Welt, die am 9. März 1959 in New York vorgestellt wurde. Wir hatten unsere eigene Lilli-Barbie, die unerreichbare Helga. Das allerschlimmste war, daß Helga eines üblen Tages im engen Rock auftauchte. Ein enger Rock mit weitem Männerpullover und Stöckelschuhen, das war das Nonplusultra an Schick, ich bekam Pickel vor Neid.

Aus: »Hauptsache heiraten«

Adrienne im Kanalrohr auf »ihrer« Baustelle

Meine erste Liebe – der Baggerfahrer

Bin ich nicht mein Leben lang eine Frau gewesen? War ich überhaupt jemals ein Mädchen? Stolz war ich auf meinen ersten Bikini, den bekam ich mit sechs oder sieben.

Ich zog ihn sofort an und fühlte mich plötzlich erwachsen. Ich legte mich in den Vorgarten, wo mich alle sehen konnten, und zeigte meine Reize meiner ersten großen Liebe: einem Baggerfahrer, der vor dem Haus die Kanalrohre verlegte. Ich liebte diese Baustelle, und ich liebte ihn. Mit allen Schmerzen und Zweifeln. Und ich war stolz auf meinen Körper in dem blauen Bikini.

Ich sollte in diesem Sommer mit der Tante nach Italien fahren und machte mir natürlich Sorgen: was würde aus meiner Liebe werden? Angst hatte ich, er könnte mich vergessen und mich vor allem nicht vermissen. Ständig war ich auf dieser Baustelle und himmelte ihn an, und aus dem Urlaub schrieb ich ihm dann eine Postkarte mit einem Glitzerbild, einem glücklichen Brautpaar. »an den bagerfarer« war sie adressiert und an die Adresse meines Elternhauses hab' ich sie geschickt. Sie hat ihn nie erreicht.

Das war, mit sieben Jahren, meine erste Liebe, und ich fühlte mich als Frau. – Was heißt erwachsen sein? Ich weiß es bis heute nicht. Ich bin mit vielen Brüdern und einem dominanten Vater aufgewachsen. Männer empfand ich als anstrengend. Sie waren in der Mehrzahl, es galt stets, sich durchzusetzen – prügelnd, beißend, schreiend, weinend. Und dabei empfand ich mich immer als Frau, das war meine einzige Chance, gleichwertig zu sein. Ich mußte bei mir bleiben, ich bleiben um jeden Preis. Und wie ging das?

Zum Beispiel, indem ich mir eine eigene Welt suchte, ein Spiel erfand, in dem ich mich finden konnte. Mein Spiegelspiel. – Wir hatten im Badezimmer einen rechteckigen, mit rosarotem Plastik umhüllten Standspiegel, etwas größer als eine Buchseite. Den hielt ich mir so unter die Nase, daß ich, wenn ich reinschaute, nichts als unsere Zimmerdecken vor Augen hatte. Auf diese Weise lief ich durch das Haus und mußte Türstürzen und Lampen ausweichen – eine andere Form der Blindheitserfahrung, ein Verstecken und mein Gang zum Ich. Ich liebte das, weil ich so ein absolutes Vertrauen zu mir bekam. Ich konnte mich auf mich verlassen, darauf, daß ich an Tische, Sofas und Stühle nicht anstieß, ihnen mühelos auswich, weil ich ihre Standorte kannte – und damit meine.

Zu wissen, daß ich nicht verloren gehen kann – das zweite, in dieser Hinsicht gravierende Erlebnis war ein Klassentreffen nach fünfundzwanzig Jahren. Es war eine unglaubliche Begegnung mit mir selbst. Alle erkannten mich, wenn nicht unmittelbar, dann an meiner Art zu gehen,

Ihr Lieben,
ich habe noch nichts von
Brief scheint
in Windsor.
äußerlich auch
Hall.
und darauf
die mit schulterlangen

Gabriele (vorn, 3. v. l.) und die Abschlußklasse am Münchener Max-Josef-Stift, 1964

an meiner Gestik, an meinem Lachen, an meiner vorlauten Klappe. Eben daran, wie ich bin. Nach fünfundzwanzig Jahren. Einer der glücklichsten Abende meines Lebens; ich erfuhr, daß es eine innere Beständigkeit gibt. – Eine Jasagerin war ich wohl nie, dennoch habe ich mich manchmal mit großem Unwohlsein angepaßt, habe mich möglicherweise sogar verraten. Und jedes Mal, wenn ich nicht »bei mir blieb«, ging es mir schlecht. Das ist heute noch so, in der Liebe, mit Freunden, im Beruf. Und wenn das geschieht, dann ziehe ich in Gedanken meinen blauen Bikini an, hole mir einen Handspiegel, halte ihn mir unter die Nase und denke an das Jahrgangstreffen und daran, daß nie etwas Gravierendes mit meinem Ich geschehen ist – weil ich mir letztlich treu bleiben konnte.

ADRIENNE SCHNEIDER

Ihr Lieben,

Sutton, 29. 7. 64

ich habe noch nichts von Euch gehört. Euer Brief scheint anscheinend noch in den Poststreik geraten zu sein. Gestern abend waren wir in der Dancing Hall. Es war unvorstellbar laut. Eine große Halle mit einer rot angestrahlten Tribüne und darauf vier Jungen, die mit schulterlangem Haar wie Mädchen ausschauten und kreischten, röchelten und schrien. Getanzt wurde nicht, wir standen nur vor der Tribüne und sahen zu. Es war wahnsinnig heiß und ungelüftet. Aber es hat mir trotz allem gut gefallen. Ich glaube, so etwas gibt es in Deutschland nicht, oder nicht in unseren Kreisen. Ich glaube aber, daß hier die Leute, die so sind wie wir, so etwas ganz normal finden. Gestern waren auch viele Oberschüler da, aber sie sahen alle sehr verwahrlost und etwas andersrum aus, durch die langen Haare. Ich war mit Dorén und Monique in dem Beatles Film. Er war sehr nett, wenn ich auch kein Wort verstanden habe. Die Beatles sind gegen das, was man auf der Straße sieht, Gold! Morgen werden wir etwas Seriöseres machen. Wir gehen zum Pferderennen in Epsom. Und abends im Fernsehen die Beatles, die mir wirklich ganz gut gefallen, denn Ihr könnt Euch gar nicht vorstellen, wie seriös und geradezu hervorragend sie gegen die anderen Gruppen, die einem hier so geboten werden, wirken. Außerdem habe ich Interviews mit ihnen gesehen, in denen sie intelligent und schlagfertig waren. Viele liebe Grüße und Küsse

Aus einem Brief Gabriele Kronenbergs aus London an ihre Eltern in München. Gabriele war damals achtzehn.

Mick Jagger – Traumboy

31. März. Vor der Westfalenhalle in Dortmund. Es ist halb sieben. Um acht erst soll das Konzert beginnen, das Konzert der Rolling Stones. Vor der Halle brodelt es wie in einem Hexenkessel. Die Uhr schlug dreimal, und dann, endlich, kamen sie! Der Saal kochte über. Aber sie nahmen ganz leise ihre Instrumente, Mick zog seine Carnaby-Jacke aus, was die ersten Schreie zur Folge hatte. Sein weißes Rüschenhemd kam zum Vorschein. Es begann mit »The last time«, »Get off of my cloud«, »Lady Jane«, »Paint it black« und viele andere folgten. Micks Hemd war aus der Hose gerutscht. Sekundenlang wurde sein Bauch sichtbar. Die Mädchen sprangen von den Stühlen. Die Bühne wurde gestürmt. Die Polizei trat in Aktion. Meine Reaktion war ganz anders, als ich sie mir je vorgestellt hatte. Ich verstehe es heute selbst nicht mehr. Ich saß wie angewurzelt auf meinem Stuhl und bekam keinen Ton heraus, während hinter mir die Mädchen auf den Stühlen standen und sich die Kehle wund schrien. Ich wollte mitsingen, wie es alle um mich taten, aber ich saß da stocksteif, preßte das Fernrohr vor meine Augen und beobachtete jede einzelne Bewegung von den Stones, von Mick. Er ist für mich der Traumboy.

GABRIELE *aus: »Heiß und kalt«*

Hochtoupiertes Haar, Zigarette und Hosen – 1964 an Gymnasien unerwünscht

Kofferradio – jugendliches Statussymbol in den Sechzigern

Alles drehte sich um Boys und Beat

Ob einer Beatles- oder Stonesfan war, das sagte damals alles. Für mich keine Frage – mein Idol: Mick Jagger – wild, verkommen, sexy! Die geschockten Erzeuger waren ratlos.

Meine »wilden Jahre«: von 1963 bis 1967 im Internat, ein »Mädchenstift« auf dem Land. Die Eltern hatten Höhere-Tochter-Ambitionen und erhofften sich optimale Kontrolle. Daß ich nicht lache! Hier fing alles an: Aus der angepaßten Zehnjährigen mit schicker Innenrolle und Pepitakleidchen wurde binnen kurzer Zeit der ausgefranste abgewetzte Beatnik. Runter mit den Haaren, rein in Parka und Jeans (natürlich »die Echten« von Levis), die die älteren Schülerinnen ausrangiert hatten.

»Nietenhosen« wurden die damals noch genannt. »Und so was findet ihr schön? Das sind doch Arbeiterhosen!«

Sieben Griffe auf der Gitarre, für »Eve of destruction«, »Universal soldiers« und »House of the rising sun« hat's gelangt. Die *BRAVO* (streng verboten) horteten wir unter den Matratzen. Mittwoch nachmittags die »*BRAVO* -Hitparade« und jeden Abend »Hallo Twen« mit Manfred Sexauer. Geschwoft wurde jede freie Minute. Wir waren voll drauf. An Sommerabenden ging's – Arm in Arm mit der Freundin, Penatencreme auf den Lippen, Kofferradio untergeklemmt – ins Dorf: den Boys auflauern. Jedesmal die gleiche nervenaufreibende Ungewißheit, ob Bübi, Heinzi oder Pedder aufkreuzen würden, sowie die Angst, von der Stiftsdomina entdeckt zu werden. Auf diese Boys stand Rausschmiß! Die waren echt »asozial«! Halbstarke! Verknallt war ich in Heinzi. Der konnte noch nicht mal mir und mich auseinanderhalten.

Drei tolle Jahre! Alles drehte sich um Boys und Beat. Ein Schock, als meine Eltern mich von heute auf morgen nach Hause holten.

GABRIELE *aus: »Heiß und kalt«*

Eine erste Diskussion kam in Gang

Auf der Maturareise nach Berlin – damals für alle westdeutschen Oberprimen aus politischen Gründen obligatorisch – mischte sich ein anderer Ton in die aufgeheizte sexbezogene Gruppenfröhlichkeit: Zum Maturareisen-Grundprogramm gehörte ein Gang nach Plötzensee, die Jugendstrafanstalt in Charlottenburg, wo unter anderen die Widerstandskämpfer vom 20. Juli 1944 hingerichtet wurden. Da, angesichts der Fleischerhaken, an denen diese Männer aufgehängt wurden, streifte uns eine erste Ahnung von der Realität des Nationalsozialismus. Eine erste Diskussion kam in Gang, und zum ersten Mal bemühte sich ein Lehrer um eine Art Stellungnahme. Ich hörte auch zum ersten Mal von einem Erwachsenen, es sei richtig, daß die Verbrecher dieser Zeit vor Gericht müßten.

Aus: »Hauptsache heiraten«

Staatlicher Aufklärungsversuch

Ein neuer Direktor des Gymnasiums stellte sich tapfer der neuen Zeit und veranstaltete eine Art Aufklärungswoche. Da war viel Theorie und Ethik und Allgemeingültiges, und die Konklusion des Ganzen gipfelte in der Botschaft, daß Frauen von Natur und dem lieben Gott aus monogam (ein zu befruchtendes Ei), Männer polygam (viele, viele Spermien), die Frauen die Empfangenden, die Männer die Gebenden, die Frauen tapfer (erdulden alles und so), die Männer mutig (im Krieg und so) sind.

Aus: »Hauptsache heiraten«

Die *twen*, erschienen von 1959 bis 1971, war Kultobjekt der Sechziger

Ich interessiere mich für alles und für nichts

Ist was Neues, bin ich Feuer und Flamme, aber ich knie mich in nichts hinein. Was mache ich eigentlich gern? Ich diskutiere gern. Ich lese gern. – Eigentlich fehlen uns die Wanderjahre. Nach der Schule müßte es eine Zeit geben, um Luft zu holen und alles kennenzulernen. Es muß ja nicht ein ganzes Jahr sein, aber irgendeine Zeit braucht man, um freier zu werden. Die Schule engt furchtbar ein. Ich bin schon ziemlich vielseitig, aber die meisten haben nur die Schule und den Fernseher. Das finde ich ganz schlimm. Wie soll man denn später einmal wissen, was man will?

GUDRUN *aus: »Guten Morgen, du Schöne«*

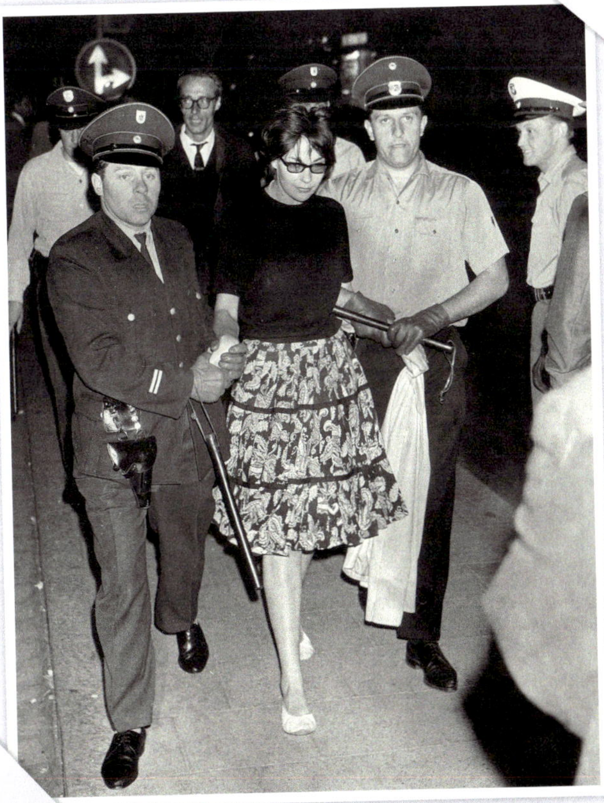

Im Juni 1962 kam es in München zu gewalttätigen Auseinandersetzungen zwischen Studenten und der Polizei wegen »nächtlicher Ansammlungen in Schwabing«

Ein Puppenhaus

Mit dreizehn begann ich Widerstand zu leisten, wollte raus aus dem »Puppenhaus«, in das mein Vater mich und meine beiden größeren Schwestern so gerne einschließen wollte. Behütet von ihm, dem Patriarchen, und seiner gut aussehenden eleganten Frau, die ihm bis dahin eine perfekte Familie geboten hatte. Das Sagen hatte immer er, da wurde nichts gemeinsam besprochen oder erwogen. Entscheidungen traf er allein. Konflikten mit meinem Vater ging meine Mutter stets aus dem Weg, sie war immer die nette, verständige, attraktive Ehefrau. Und nie schien sie wütend zu sein. Irgendwann begann ich zu spüren, daß da was nicht stimmte. War ich anderer Meinung als er, gab es Zoff. Ich sehnte mich nach einer Welt, in der ich sein konnte, wie ich war, suchte nach Menschen, die mich akzeptierten. Ich ging nach draußen – trotz Stubenarrest, Taschengeldsperre und Schlägen. Es war das Jahr 1967, die Zeit der Studentenbewegung. In Göttingen, wo ich zu Hause war, gab es erste Wohngemeinschaften. Ich lernte Studenten kennen, die zusammen lebten, locker miteinander umgingen, witzig waren und vieles gemeinsam unternahmen. Sie organisierten Kunstfeste, Performances, und alle Männer und auch die Mädchen erschienen hierbei gleichberechtigt. Im Haushalt waren alle für alles gleichermaßen verantwortlich, Probleme wurden miteinander besprochen und gemeinsam geklärt. Mit meinen dreizehn Jahren wurde ich bald zu einer Art Maskottchen in der Gruppe und nahm das mit Erstaunen wahr. Hier gab es noch eine ganz andere Welt, die mir ganz neue Perspektiven eröffnete. Von meinem Zuhause entfernte ich mich immer mehr, denn mit meinen eigenen Leuten konnte ich nichts mehr anfangen. Das ging natürlich nicht ohne Konflikte ab. Ich wohnte schließlich noch bei den Eltern. Es gab ständig Auseinandersetzungen. Den Versuch, mich zu verstehen, hat mein Vater allerdings nie unternommen. Vielmehr machte er nun meine bis dahin so untadelige Mutter verantwortlich für die mißratene Tochter. Ich wiederum warf ihr vor, daß sie kein Rückgrat hat, niemandem sagt, wie sie sich fühlt, was sie tatsächlich will. Die Situation eskalierte. Mit sechzehn kam es zwischen mir und meinem Vater zu einem großen Eklat – fortan hatten wir uns nichts mehr zu sagen. Im Grunde bin ich schon damals zur Waise geworden.

Meine Mutter hat übrigens einige Jahre später ebenfalls begonnen, sich gegen die Autorität ihres Mannes zur Wehr zu setzen, eigenes zu entdecken. Nach einer kleinen Erbschaft ging sie sogar allein auf Reisen. Irgendwie hat sie es dann doch ihren Töchtern noch nachgemacht – das Puppenhaus endgültig zerbrochen.

BEATRIX NEUMANN

Beatrix – noch daheim im »Puppenhaus«

Und das mit diesem Rock!

Einmal, da hat sich meine Mutter massiv eingemischt. Sie war ja von Beruf Schneiderin und nähte für uns ab und zu ziemlich scharfe Klamotten: Schlaghosen aus Pepitastoff oder einen ganz kurzen Rock mit Reißverschluß von oben nach unten. Den trug ich eines Tages im Erdkundeunterricht.

Kinderheimsozialisiert wie ich war, saß ich meist recht flegelhaft in der Bank, und das mit diesem Rock! Jedenfalls hat sich unser Erdkundelehrer unglaublich aufgeregt und schickte mich ins Sekretariat. Ich war dreizehn und mir keiner Provokation bewußt. Unser Direktor putzte mich dermaßen herunter, daß ich heulte. Am nächsten Tag kam meine Mutter wutentbrannt in die Schule und machte allen klar, daß dieser Rock von ihr genäht worden sei, woraufhin eine große Ratlosigkeit ausbrach. Denn nun stand fest, daß die verehrte Genossin Inge Lange diesen unzüchtigen Rock auf ihrer eigenen Nähmaschine genäht hatte. Plötzlich war es nicht mehr möglich, mich noch weiter moralisch zu diffamieren.

KATJA LANGE-MÜLLER *aus: »Beim Kleinen Trompeter habe ich immer geweint«*

Revolution in der Mode: alles ist möglich – Mini und Maxi

Stunden herrlichster Weltentrücktheit

Als ich mit zehn Jahren wegen einer Ohrenoperation einen ganzen Sommer lang hundsgemeines Schwimmbadverbot hatte, steigerte sich meine Leseleidenschaft zur Manie: In diesem Sommer las ich mich durch den halben Bestand der Leihbibliothek unseres Städtchens, der immerhin zwei ganze Räume füllte.

Ganz klar, daß ich immer wieder zu meinen Lieblingsautorinnen und -autoren griff, die hießen damals z. B. Berte Bratt, Karl May oder Kurt Held. Diese Namen versprachen wunderbares Lesevergnügen, sie waren Garanten für Stunden herrlichster Weltentrücktheit – in denen man hoffentlich zu keiner Hausarbeit verpflichtet wurde.

Mit elf Jahren wurde ich zum ersten Mal Zeugin einer Autorenlesung: Ein eifriger Deutschlehrer hatte Josef Reding an unsere Schule geholt, und mit großen Augen glotzten wir den »echten Dichter« an, während er uns etwas vorlas, das wir nach wochenlangen Vorbereitungen längst auswendig kannten.

Wahnsinn: da saß ein veritabler Autor, ganz klar ein Wesen aus einer anderen Welt, zu der profane Sterbliche keinen Zutritt hatten.

So erschien es nur logisch, daß man diese Welt auch nicht auf direktem Weg erreichen konnte, Lehrstellen für angehende Schreiberlinge gab es nicht, und außerdem gab es da noch ganz profane Überlegungen: Wer kaufte denn so einen Text und machte ein Buch daraus? Wie lief das ab?

Bei mir führte die Liebe zur Literatur zunächst einmal zum Studium derselben mit Schwerpunkt Kinder- und Jugendliteratur, und anschließend zum Lehrberuf. Doch die GEW suchte nach Rezensentinnen für die jährliche BRD-Produktion an Kinder- und Jugendbüchern, und dazu hatte ich Lust, klinkte mich ein, und irgendwann wurde meine erste Rezension gedruckt! Fasziniert starrte ich auf den kleinen Text, unter dem mein Name stand. Wow!

Und irgendwann kam eine Nacht, in der ich nicht einschlafen konnte, weil ich eine verrückte Idee hatte. Ich holte mir ein Schulheft und begann zu schreiben. Aus dem Manuskript wurde mein erster Jugendroman, ihm folgte bald ein zweiter, und ich übernahm begeistert Übersetzungsaufträge, denn das ist eine wunderbare Art, Deutsch schreiben zu lernen.

Nach einundzwanzig Jahren Lehrerei wagte ich dann den entscheidenden Schritt: Ich nahm beim fünften Kind zum ersten Mal Elternurlaub ohne Bezüge – das ist jetzt fünfzehn Jahre und mehr als fünfzig Bücher her.

NINA SCHINDLER

Nina beim Hutkauf in Paris, 1965

TOLLE SACHE:
Eine Mädchenband im Ruhrgebiet

Zum ersten Mal allein weit weg von zu Hause war ich 1967: eine Woche in London – mein Examensgeschenk. Dort pulsierte das Leben, in Clubs und auf der Straße, aber leider ist es mir nicht gelungen, den berühmtem Marquee-Club mit Live-Musik zu finden.

Mit achtzehn schmiß ich den bis dahin sechs Jahre durchgehaltenen Klavierunterricht und bekam nach langem Hin und Her eine Gitarre geschenkt.

Vom ersten selbstverdienten Geld – eine Arbeitsstelle fand man damals sofort – kaufte ich mir die erste Jeans, machte den Führerschein und sparte für einen VW Käfer.

Im selben Jahr suchte in Duisburg eine Mädchenband eine Gitarristin. Ich spielte bei »The Rag Dolls« vor und war sofort

Ilse und die Mädchen von
den »Rag Dolls«

engagiert. Wir Mädchen nähten unsere Auftrittsgarderobe selber, vom schwarzen Samtanzug bis zum Hippiegewand und Minikleid.

Für mich war endlich ein Schritt in die eigene Freiheit getan.

Die Eltern hatten keine Vorstellung davon, in welchen Kneipen wir manchmal gespielt haben, sie schauten ab und zu bei den Proben zu, waren aber nie in einem Konzert. Durch die Band bekam ich ein ganz neues Lebensgefühl, ich erfuhr eine bis dahin nie geahnte Unabhängigkeit vom Elternhaus und entwickelte ein starkes Selbstbewußtsein. Neben Bands, die nur aus Jungen bestanden, auf der Bühne zu stehen, war ein erhebendes Gefühl, und ich genoß diese zwei wunderbaren Jahre, bis sich die »Rag Dolls« auflösten.

ILSE JUNG

Gereist bin ich meist per Anhalter

Mir wurde bald klar, daß ich aus der Enge meines Elternhauses fliehen wollte. Dieses mühsame, immer von anderen diktierte Leben meiner Mutter sollte sich bei mir nicht wiederholen. Ich wollte auf die Schul', das Gymnasium. Und meine Mutter riet mir zu – ich sollte es besser haben als sie. Nicht zuletzt hatte ich dies wohl meinem Onkel Joseph aus Amerika zu verdanken, einem ihrer Brüder, der Priester geworden war. Er nahm sich meiner an, wurde für mich so etwas wie ein Mentor, war für mich die Pforte zur Welt, zur Freiheit. In den Sommerferien ging er mit mir auf Reisen, und er riet der Familie: »Schickt das Mädel auf die Schul'«.

Nach der Rückkehr aus Frankreich, Spanien oder der Schweiz, nach den vielen Gesprächen mit Onkel Joseph kam mir die Welt daheim in Obernburg dann noch kleiner vor. Ich hielt es dort einfach nicht mehr aus. Seit 1963 war ich Fahrschülerin am Kronberg-Gymnasium in Aschaffenburg, nun aber erklärte ich meiner Mutter, daß ich dort hinziehen würde. Da war ich vierzehn. Geld bekam ich keines, und so schlug ich Zettel an: »Biete Nachhilfeunterricht oder Mithilfe im Haushalt gegen Zimmer zum Wohnen.« Das klappte. Meine erste Bleibe war ein Zimmer unterm Dach einer Bäckerei. Auf einer Kochplatte machte ich mir Tee oder Milch warm, der Kühlschrank war eine Kiste aus Styropor.

Die Schule war in dieser Zeit mehr als das Absolvieren eines vorgegebenen Lernpensums. Vor allem die Referendare aus der Studentenbewegung, die an unser Gymnasium kamen, konfrontierten uns mit bis dahin unbekannten Themen. Sie eröffneten neue Perspektiven, ich spürte, daß ein selbstbestimmtes Leben nicht nur Wunschtraum bleiben mußte. Ich engagierte mich in der SMV, der Schülermitverwaltung. Die revolutionäre Stimmung um 1968 riß auch uns Schülerinnen mit. So organisierten wir zum Beispiel in dem streng katholischen Aschaffenburg einen ersten ökumenischen Gottesdienst.

Gereist bin ich weiterhin, nun auch ohne Onkel. Meist per Anhalter. Übernachtet habe ich in Jugendherbergen. Mit fünfzehn fuhr ich zum ersten Mal allein nach Südfrankreich, ein halbes Jahr konnte ich zum Schüleraustausch in die Bretagne, und mit siebzehn arbeitete ich in den Ferien in einer Pariser Boutique. Das Reisen habe ich auch später nicht aufgegeben, nicht als ich zum Studium nach Berlin ging und genauso heute nicht, wo meine beiden Kinder fast erwachsen sind und ich voll im Berufsleben stehe.

SERVATIA GESSNER-VAN KERSBERGEN

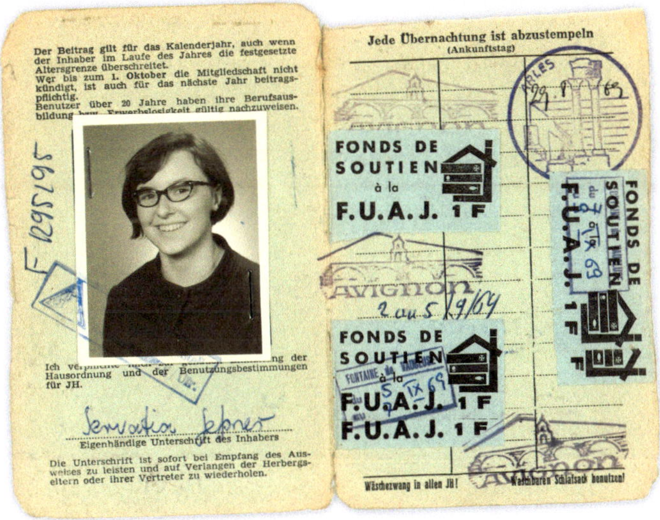

Viel gebraucht: Servatias Jugendherbergsausweis

Jugendweihe für das Abitur

Mein Bruder und ich waren getauft, gingen zur Christenlehre und wurden konfirmiert. Der Pastor war ein Mann, der ruhig und gemessen sprach, interessante Bücher mitbrachte, Kinderfeste und Spiele ließen uns Kinder sein, ohne Demagogie und Berechnung, ganz im Unterschied dazu, wie ich die Pionierleiter erlebte. Nach Werten, die in der Kirche gesetzt wurden, fing ich zunehmend an, auch die Pionierorganisation zu beurteilen. Trotzdem hatte ich später Konfirmation und Jugendweihe. Daß ich mich gleichzeitig zu Gott bekannte und zum Atheismus, hatte damit zu tun, daß man auf die Erweiterte Oberschule nur mit Jugendweihe durfte.

ISOLDE *aus: »Beim Kleinen Trompeter habe ich immer geweint«*

Silke mit einem Hornveilchen

Sieg über *Frau Pinkernell*

Es war im Jahr der Einschulung. Ich war sechs Jahre alt und lernte schon in den ersten Wochen, wie wenig Interesse das sozialistische Schulsystem an nichtgenormten Kindern hatte.

Ich zeichnete mit links. Und mußte mit Schock feststellen, wie ich dank meiner Lehrerin zur Außenseiterin gemacht wurde. Mit der linken Hand, in die mein stets klecksender Füller wie von Geisterhand wanderte und die mir den Zorn meiner Lehrerin Frau Pinkernell einbrachte, habe ich meinen ersten Kampf gegen die Dumpfheit der Obrigkeit begonnen. Mit den Worten »bei mir hat noch jeder mit der rechten Hand schreiben gelernt« wurde der Kampf zwischen Frau Pinkernell und mir eröffnet! Ich mußte mich geschlagen geben, und irgendwie mit der rechten Hand schreiben lernen, aber tief in meinem Herzen wußte ich, daß ich mich dafür rächen würde. Es dauerte genau sechs Monate. Im Februar kam meine erste Chance. Frau Pinkernell, die neben Deutsch auch Heimatkunde unterrichtete, hielt uns einen Vortrag über die Frühblüher. Zu meiner großen Freude durfte ich die kleinen Blümchen, wie Schneeglöckchen, Märzenbecher und Krokus, mit »links« in das Aufgabenheft zeichnen und kritzelte mit

»rechts« den Namen der Blume daneben. Als sie mit ihren Ausführungen bei den Buschwindröschen endete, kam meine Stunde!

Frau Pikernell erklärte, daß die Blume zwar unter Naturschutz stehe, aber nicht so wie viele ihrer anderen zarten Verwandten giftig sei.

Das war mein Einsatz! Ich sprang auf und schrie in den Unterricht: »Das ist nicht richtig!« Ich hätte auf den vielen Spaziergängen mit meinem Vater durch den Auenwald wohl sehr genau erfahren, daß diese Blume, die ich so sehr liebte, giftig sei!

Daraufhin lief meine Lehrerin rot an und gab mir meinen ersten und überhaupt einzigen Tadel in Disziplin. Voller Wut lief ich nach Haus.

Am Abend erzählte ich unter Tränen meinem Vater vom Geschehen in der Schule. Er tröstete mich, und wir schauten gemeinsam in meinem Lieblingsbuch »Pflanzen der Heimat« nach. Wir beschlossen, am nächsten Tag die Sache richtigzustellen und meiner Lehrerin ihren Irrtum zu beweisen. In dieser Nacht konnte ich sehr schlecht schlafen. Vor lauter Aufregung war ich, was sonst nie geschah, eine der ersten Schülerinnen in der Schule. Ich legte gleich zu Beginn der Stunde das Buch »Pflanzen der Heimat« auf das Lehrerpult, in welches mein Vater einen kleinen Zettel für Frau Pinkernell gelegt hatte. Sie sah diesen und mich mit saurem Blick an. Unsere Fronten waren klar! Der Tadel wurde nicht zurückgenommen, aber ich wußte fortan, daß ich stärker war als meine von mir so gefürchtete Lehrerin.

SILKE WAGLER

Viel wichtiger war es, ein passendes Tuch für die Haare zu beschaffen

Mir ist, als hätte ich Jahre meiner Mädchenzeit vor der Frisierkommode verbracht, deren dreiteiliger Spiegel das Bild einer ganzen Mädchengeneration zurückwarf. Die Kommode gehörte so untrennbar zum elterlichen Schlafzimmer wie der dreitürige Kleiderschrank und die beiden Nachtschränkchen.

In frühen Kinderjahren glitzerte die mehrteilige Kristallglas-Garnitur auf dem Möbel in Augenhöhe. In den vom Mangel geprägten Zeiten standen sie wie stille Boten eines ersehnten Luxus oder – für mich – wie der Beweis, daß es ein Leben als Prinzessin geben mußte. Nur die schmale Schale erfüllte einen praktischen Zweck, in ihr lagen Kamm und Bürste, die anderen zwei Behälter verbargen unter ihrem Deckel Gesichtspuder mit einer Quaste und den wenigen Schmuck meiner Mutter. In den Schubfächern der Kommode fanden sich die passenden Stoffreste für ein Prinzessinnenkleid und alte Spitzenhandschuhe. In den Spiegeln jener Frisierkommode war aller Mädchenträume Anfang. Staunend schaute ich mir in die Augen, versuchte hinter meine Stirn zu blicken und betrachtete meine Gestalt. Lange war das Spiegelbild, das ich warf, nicht klar erkennbar (dazu brauchte es etwa dreißig Jahre).

Von Jahr zu Jahr mußte ich mehr Abstand zur Kommode nehmen, um mich zu erkennen, von Jahr zu Jahr rückte ich also vom Spiegel ab und kam mir doch gleichzeitig näher. Vielleicht war ich siebzehn oder achtzehn, da verbrachte ich Stunden vor dem Spiegel. Inzwischen hatte ich drei Meter von ihm entfernt am Kachelofen Halt gefunden. Schräg an ihn gelehnt, nahm ich eine Pose ein. Ich wollte aussehen wie die Mädchen auf den Photos aus dem *Sibylle*-Modeheft, photographiert im Berliner Studentenclub. Anmutig lehnten sie an Treppengeländern (wie ich am Kachelofen) oder führten (da war ich mir ganz sicher) anregende Gespräche. Ihre Haare hatten sie in der Mitte gescheitelt und zusammengebunden. Sie trugen (vermutlich) schwarze, lässige Pullover und lauschten den Jazzmusikern. Von da an war klar, so

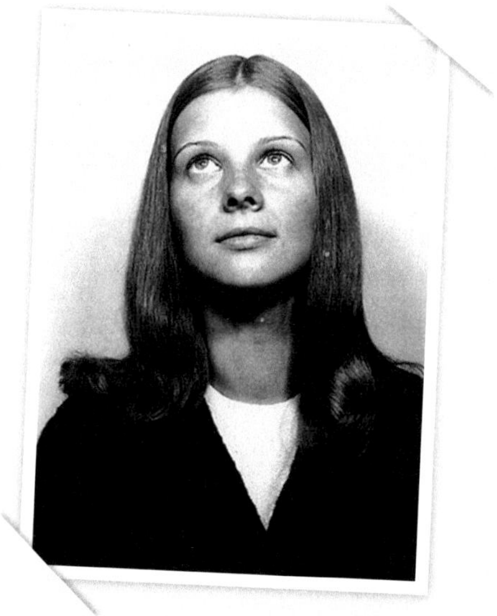

Antje, um 1965

Die zwischen 1967 und 1972 produzierten Aufklärungsfilme Oswalt Kolles wurden viel diskutiert und sorgten für öffentliche Empörung. »Ehebruch« hatte 1969 Premiere

wollte ich werden. Um einen Studienplatz machte ich mir damals wenig Sorgen, viel wichtiger war es, ein passendes Tuch für die Haare zu beschaffen. Ich wußte im Vertiko meiner Großmutter ein schwarzes, wunderbar leichtes, durchsichtiges Perlontuch. Es kostete mich Wochen geschicktester Überzeugungsarbeit, bis mir meine Oma das Tuch (es war schließlich aus dem Westen!) für den Schülerball überließ. Wenige der in den Spiegel projizierten Mädchenträume hielten dem Leben jenseits der geheimen Schlafzimmerinszenierungen stand.
Viele entpuppten sich als Trugbild.

ANTJE TAFFELT

Was sich im Herzen der Mädchen abspielt

Und was spielt sich in den Herzen der Mädchen ab, die von ihrem Freund ein Kind wollen? Es ist sehr wichtig, das einmal deutlicher zu sehen. Solche Mädchen haben nicht genug Selbstbewußtsein. Sie denken: Allein mit mir selber kann ich nicht genug erreichen. Sie fühlen sich schwach und ungerecht behandelt. Sie fragen sich: Womit kann ich durchdrücken, was ich gern erreichen möchte? Und nun setzen sie die Waffe der Natur ein: die Fruchtbarkeit.

So ein Mädchen meint: Dann bin ich kein schwaches Mädchen mehr, dann bin ich eine schwangere Frau. Und mit Kind im Bauch muß ich beachtet werden. Er hat mir ein Kind gemacht, nun muß er dafür einstehen! Ich schenke einem Kind das Leben, dann muß er für alle äußeren Dinge sorgen! Mit solchen Vorstellungen ist schon manches Mädchen in eine unsichere Situation geraten und steht dann nur auf ihrer biologischen Fähigkeit als Gebärerin.

Aus der Aufklärungsserie BRAVO *vom 25. März 1976*

Unisex auf dem Spielzeugmarkt

Bei Legobaukästen war es noch ein gesicherter Erfahrungswert: fünfundneunzig Prozent der Eisenbahn- und Autokästen gingen an Jungen, fünfundachtzig Prozent der Kästen für Puppenmöbel an Mädchen, die als die traditionellen »Technikmuffel« gelten.

Daß diese Rollenverteilung mehr durch die einkaufenden Erwachsenen geprägt wurde als durch die kindlichen

Jugendstunde 1956/1957 in Dresden

Interessen, machte eine Aktion deutlich: Auf fast tausend Veranstaltungen mit dem Slogan »Technik ist schön« kamen Ende vergangenen Jahres Kinder zum Spiel mit Konstruktionskästen zusammen. Auszählungen aus fünfundvierzig Städten der Bundesrepublik zeigen: Fast dreißig Prozent der Technik-Bastler waren Mädchen.

Aus der Stuttgarter Zeitung *vom 7. Januar 1978*

Was macht man, wenn alles festgelegt ist: Geburt am 6. Dezember zum heiligen St. Nikolaus und damit dann eigentlich auch klar, daß man als Junge ersehnt wird? Man kommt einfach drei Wochen zu früh, sorgt bei allen Beteiligten für erheblichen Wirbel wegen Schieflage und wird einfach eine Nikoline ...

NIKOLINE KÄSTNER

Es war die Zeit, in der Mädchen sehr gefördert wurden

Die Lehrer haben mir vorgeschlagen, Mathematik zu studieren. Es war die Zeit, in der Mädchen sehr gefördert wurden in technisch-naturwissenschaftlichen, sogenannten frauenuntypischen Studienrichtungen. Mir kam das sehr entgegen, ich war in einer Mathematik-Spezialklasse. Es war ein Versuch. Überhaupt gehörte ich zu einem

Jahrgang, mit dem viel ausprobiert wurde in der DDR. Ausprobiert wurde der Unterrichtstag in der Produktion, da haben wir das Feilen gelernt und das Steckermontieren. Aus heutiger Sicht ist das eine gute Sache gewesen, aber wir Schulkinder haben uns eigentlich verweigert, weil die Durchführung doch nicht so gut organisiert war. Ich kann mich noch an viele Stunden Feilen in einer großen Fabrikhalle erinnern, das hat mich eher abgeschreckt, so eine Arbeit später mal zu machen. Dann gab es auf dem Weg zum Abitur noch eine Facharbeiterausbildung, parallel zur Schule, das fand ich eigentlich sehr gut. Ich habe mit dem Abitur gleichzeitig den Facharbeiterbrief gehabt. Ich war technische Rechnerin, konnte also schon die damals sehr großen Computer programmieren.

CHRISTINE *aus: »Die stille Emanzipation. Frauen in der DDR«*

Manchmal erwische ich mich doch in der Rolle der »Hausfrau«,

wenn meine Eltern nicht da sind. Ich fange dann eher an zu kochen und zu waschen als mein Bruder, was mich sehr ärgert; aber meine Mutter hat eben mir erklärt, wie die Waschmaschine funktioniert. Oder wenn Freunde uns besuchen, fühle ich mich in einer Gastgeberrolle, koche Tee und backe auch mal. Mir ist das schon bewußt, und deshalb glaube ich, daß ich diesen Zwang überwinden kann, d. h. für mich das richtige Verhalten finde. Manchmal ist da ein innerer Konflikt in mir, denn bei manchen Freunden koche ich eben gerne etwas, da ich weiß, sie freuen sich und wissen es zu schätzen. Aber dann denke ich, so 'ne Scheiße, jetzt gibst du wieder das typische Frauenbild ab, obwohl du es ablehnst und emanzipiert sein möchtest und als eine, die auf dem Weg zur Emanzipation ist, verstanden und akzeptiert werden willst. Kochste also, stehste so da; und wenn nicht, ist es dann nur Prinzipienreiterei?
Das lehnst du auch ab.

Aus: »Ein Mädchen ist fast so gut wie ein Junge«

Frauendemo 1970

Nach altbewährtem Muster

Auch in besetzten Häusern muß doch Hausarbeit gemacht werden, dachte ich und fragte in einem Gespräch mit einem vierzehnjährigen Punk aus einem solchen Haus danach, wer denn so bei ihnen einkauft, kocht und abwäscht [...] Natürlich sofort durchschaut, wurde mir die Antwort voller Empörung entgegengeschleudert: »Ihr wollt euch doch jetzt nur daran aufspulen, daß die Torten mehr abwaschen!! Jetzt, wo morgen der Atomkrieg ausbrechen kann!!!«

Aus: »Autonomie – aber wie! Mädchen Alltag Abenteuer«

Eva, geboren 1974, war schon früh emanzipiert. Per Handzettel lud sie die Jungen zum Spielen ein. Daß sie bestimmte, was und wie, verstand sich von selbst.

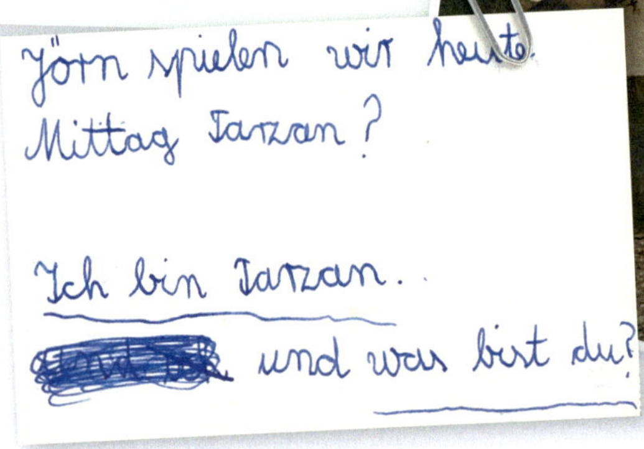

Ich bin Tarzan!

Dreizehn- bis fünfzehnjährige Jugendliche sollten aus einer vorgegebenen Liste Eigenschaften aussuchen, die entweder nur oder hauptsächlich an Frauen oder Männern zu finden seien. Die Liste der Eigenschaften, die die Mädchen den Frauen zuordneten, entsprach bis auf zwei Eigenschaften genau den Erwartungen, die von den Erwachsenen und den Jungen an sie gestellt wurden.

Die Mädchen fanden, daß Frauen zimperlich, gehorsam, verträumt, sparsam, kinderlieb, fleißig, ordnungsliebend, treu, selbständig und neugierig sind. Im Gegensatz dazu ordneten die Jungen den Männern folgende Adjektive zu: aufgeschlossen für sexuelle Dinge, mutig, brutal, rechthaberisch, faul. Dabei ist zu beachten, daß den Mädchen und Jungen der gleiche Katalog zur Auswahl stand!

Aus: »Koedukation – Jungenschule auch für Mädchen?«, 1986

Erste Schülerinnen-Zeitung erschienen

Virginia, »junge Frau«, heißt die erste Schülerinnen-Zeitung in der Bundesrepublik, die »nur für und von uns Mädchen und jungen Frauen« sein soll. Die neun Schülerinnen der Frankfurter Carl-Schurz-Schule haben den Namen ihres Blattes mit Bedacht gewählt. »Solange du dich nicht bewegst, spürst du auch deine Ketten nicht«, steht neben dem Impressum der ersten Nummer der Zeitung. *Virginia* – spontan und ohne Hilfe von Lehrern oder Außenstehenden gegründet – könne ein Forum werden für die wachsende Zahl von Mädchengruppen an den Schulen in Frankfurt, meinen die siebzehn- und achtzehnjährigen Schülerinnen. Ihre Zielgruppe sind alle Schülerinnen, ob sie nun »Freaks, Punks oder Popper« seien.

»Am Gymnasium gilt offiziell die Gleichberechtigung zwischen Jungen und Mädchen«, sagt ein Mädchen, »aber wenn ich mich durchsetzen will, dann stoße ich auf Widerstand.« Viele Mädchen entdeckten auch kritisch und erschreckt die Situation der Eltern, wenn nämlich die Mutter zu sehr »kuscht« und der Vater sich aufs Befehlen verlegt. Die jungen Mädchen möchten herausfinden, was sie selber sein wollen, und nicht einfach den Erwartungen von Schule, Eltern und Jungen entsprechen. Die Möglichkeit für sie, über sich, ihre Sexualität und ihre Rolle als Frau nachzudenken, sind größer als früher: Mit vierzehn Jahren haben viele den »Kleinen Unterschied« gelesen, *Emma* und *Courage* sind beliebte Lektüre an den Schulen.

Aus dem Tagesspiegel *vom 26. April 1981*

Keine Party ohne Pfeifchen

Olympiasiegerin
Dagmar Hase

Für 35 Mark an die Sportschule

Sechs Jahre war Dagmar Hase (sie holte u. a. 1992 Gold bei den Olympischen Spielen im 400 m Freistil) alt, als sie in der Kindertrainingsgruppe des TZ (Trainingszentrum) Thale mit dem regelmäßigen Schwimmen anfing. Ein entscheidender neuer Abschnitt ihres Lebens begann im September 1980. Sie kam an die Kinder- und Jugendsportschule (KJS) Halle. »Das war toll für mich. Ich wollte unbedingt dorthin. Die Auswahl erfolgte über die Wettkämpfe. Die zwölf Besten aus dem Bezirk hatten die Chance. Zuerst gab es einige Schwierigkeiten, aber nach mehreren Anfragen hat es dann doch geklappt. Meine Eltern sind in Thale geblieben, und ich lebte nun im Internat in Halle. Die KJS war meine Schule – ich kam in die fünfte Klasse, war ja zehn Jahre alt – und meine Trainingsstätte. Sie hatte ausgedehnte Sportanlagen für Leichtathletik, Boxen und andere Sportarten und natürlich eine Schwimmhalle. Ich habe mich dort gleich wohl gefühlt, es hat mir Spaß gemacht. Nein, Heimweh hatte ich nie. Am Ende jeder Woche konnte ich ja nach Hause fahren. Ich war bis 1990 in der KJS. Meine Eltern zahlten 35 Mark im Monat für Unterkunft und Verpflegung. Ich hatte mich an dieses Leben gewöhnt, habe schließlich meine ganze Jugendzeit dort verbracht. Zwischendurch blieb immer noch ein bißchen Freizeit. Nur Schule und Training, das hat man uns nicht zugemutet. So ging ich eben dreizehn Jahre zur Schule, um mit der zehnten Klasse abzuschließen.«

Aus: »Die stille Emanzipation. Frauen in der DDR«

Junge Frau posiert vor Kühlerhaube, 1968

Erotisch total aufgeladen

In den oberen Klassen zeichnete sich immer mehr ab, daß es doch etliche Figuren gab, die sich für den ersten Koitus mehr interessierten als für irgendwelche Ulbricht ablösenden Honeckers.

KATJA LANGE-MÜLLER *aus:*
»Beim Kleinen Trompeter habe ich immer geweint«

Sie kamen als völlig freie Menschen in dieses kleinkarierte, durchorganisierte Leben

Zum Ballett bin ich sehr gern gegangen. Unsere Gruppe gehörte zum Pionierensemble des Zentralhauses der Jungen Pioniere in Berlin. So bekam ich am Ende der siebenten Klasse die Gelegenheit, in die Pionierrepublik »Wilhelm Pieck« am Werbellinsee zu fahren. Dort gab es einen Durchgang nur für Kinder aus der DDR, sozusagen für die Pionierkader. Ich dagegen hatte das viel größere Privileg, am internationalen Lager teilzunehmen, dort, wo wirklich Kinder aus dreißig Ländern der Welt ihre Ferien verbrachten – aus den Ostblockstaaten, aus Mosambik, Angola, Italien, Frankreich, Belgien, Dänemark und auch aus der Bundesrepublik.

Es ist paradox, aber ausgerechnet in der Pionierrepublik habe ich zum ersten Mal eine kritische Sicht auf die DDR bekommen. Dort lernte ich nämlich meinen ersten Freund kennen: Alberto, einen Italiener.

Irgendwie spürte ich, daß die italienischen Kinder anders waren. Sie kamen ja als völlig freie Menschen in dieses kleinkarierte, durchorganisierte Leben ohne Lebensfreude. Die hatten keine blöden Fahnenappelle und machten auch diesen ganzen Krimskrams nicht mit. Für mich erschlossen sich völlig neue Welten, ich war high die ganzen fünf Wochen lang.

CORINNA *aus: »Beim Kleinen Trompeter habe ich immer geweint«*

Sonntag, 9. August 1981, Heidelberg

Morgen ist der letzte Tag hier, als mein Zuhause. Na ja, wer weiß, ob ich nicht bald als geschlagener Hund wieder in mein Dorf zurückkehre. Heim zu Hof und Herd. Wenn man hier fortgeht, entdeckt man plötzlich Schönheiten in der Umgebung, die mir vorher nie aufgefallen waren. Sogar so ein bißchen kitschiges Heimatgefühl. Trotzdem habe ich Fernweh, Abenteuerlust und Tatendrang. Außerdem brauch ich etwas Realitätserfahrung und muß weg von dem warmen Schoß meiner Mutter. Inwieweit ich das Alleinsein bewältige, weiß ich noch nicht, aber auf einen Versuch kommt es an.

MONA HANSEN

Lieber Peter,

bei mir hat sich einiges getan. Ich hab' die Schule geschmissen in der elften Klasse und möchte gern auf eine Schauspielschule gehen. Ich war im Winter mit »meinem« Freund in Italien, und es wäre bald eine Katastrophe geworden. Ich war oft in Gedanken an unsere »Romanze« und hab dem armen Kerl die unmöglichsten Vorwürfe gemacht. Wie steht's mit Dir? Hast du auch gerade eine so genannte »feste« Beziehung?
Ich bin jetzt also ein Versager im Sinne unserer Gesellschaft und ein bißchen stolz drauf. Mir ist die Entscheidung auf jeden Fall nicht leichtgefallen, und manchmal sehe ich auch keine Perspektive mehr, aber auch nur an schlechten Tagen. Ich habe eine Zeitlang gejobbt, und als nächstes bewerbe ich mich an einer Schneiderschule, weil ich das Bedürfnis habe, was zu lernen, womit ich ganz konkret etwas anfangen kann. Im Augenblick lerne ich Schreibmaschine an der Volkshochschule, damit kann man immer gut einen Job kriegen. Im Augenblick geht mir Heidelberg ziemlich auf die Eier, ich habe das Gefühl, schon alle Leute zu kennen, und kann mit den meisten nicht viel anfangen, außer zu saufen und zu kiffen – für 'ne Weile ganz schön, aber auf die Dauer ziemlich langweilig. Ich will deshalb jetzt unbedingt für ein paar Tage weg, dann jobben und länger weg, bevor ich mit der Schule anfange, weiter will ich nicht planen. Eigentlich wollte ich nach Amsterdam fahren, finde aber niemand, der Zeit und Geld hat. […]
Ciao, Mona

MONA HANSEN

lieber peter
du wunderst dich bestimmt, daß ich xx dir schreibe,
aber ich denke noch oft an xx dich und würde
auch gern von dir noch mal was hören, wenn's
nicht zu viel verlangt ist. bei mir hat sich
einiges getan. ich hab' die schule geschmissen
in der elften klasse und möchte gern auf
eine schauspielschule gehen. ich war im winter
mit"meinem" freund in x italien und es wäre bald
eine katastrophxe geworden. ich war oft xxx in ge-
danken an unsere "romanze" und hab dem armen kerl die
unmöglichsten vorwürfe gemacht.wie steht's mit dir?
hast du auch gerade eine sogenannte "feste beziehung?
ich bin jetzt also ein versager im sinne unxserer ge-
sellschaft und xxx ein bisschen stolz drauf. mir xx
ist die entscheidung auf jeden fall nicht leicht ge-
fallen und manchmal habe ich auch keine perspektive
mehr, aber auch nur an schlechten tagen. ich habe eine
zeitlang xxx gejobbt und als nächstes bewerbe ich
mich an einer schneiderschule, weil ich das bedürfniss
lernen wo ich x ganz konkret was mit an-
, meine mutter ist ja polsterin von daher
hon gewixisse vorkenntnisse und weiß in
ich erwartet. im augenblick lerne ich
iene an der volkshochschule, damit kann
t einen job xx kriegen. im augenblick geht
erg ziemlich auf die eier ich xxx xxx x
ühl schon alle leute zu kennen und kann
ten nicht viel anfangen außer zu saufen
n - für 'ne weile ganz schön aber auf die
ch langweilig. ich will deshalb xxxx jetzt
r ein paar tage weg, dann jobben und
xxx bevor ich mit der schule anfange,
ich nicht ppanen hauptsache mal weg aus
ich bin mit meinen eltern in einen vor-
der unheimlich schön ist so direkt am
elen alten häusern, die alle so'nen
arakter haben, einschließlich unserem.
r frustrierten seele gut. eigentlich
ch nach amsterdam fahren finde aber nie-
zeit und geld hat. in solchen augen-
icken kann man als frau schon verzweifeln,
er es ist für mich so ziemlich die
nzige xx situation wo ich so'n totalen
auf typen kriegen könnte, die nunmal
macht haben einer frau.
alleine unter wegs ist was zu tun.

Mona

Die Qual der Wahl

1989–heute

Zeitblende

Massenflucht von DDR-Bürgern in den Westen • Erstarken der DDR-Bürgerrechtsbewegung • Fall der Mauer am 9. November 1989 • Einheit Deutschlands am 3. Oktober 1990 • Auflösung der Sowjetunion 1991 • Zerfall Jugoslawiens, begleitet von Kriegen • Aus der Europäischen Gemeinschaft wird 1992 die Europäische Union • 1995 tritt Österreich der EU bei • 1998 löst Gerhard Schröder (SPD) Bundeskanzler Helmut Kohl (CDU) ab • 1999 tritt die Währungsunion in Kraft, elf EU-Länder führen bis 2002 den Euro ein • Terrorangriff auf das World Trade Center in New York am 11. September 2001 • EU-Erweiterung auf 25 Staaten • 2005 der neue Papst: Benedikt XVI. • Im November 2005 wird Angela Merkel (CDU) zur ersten Kanzlerin der Bundesrepublik Deutschland gewählt • In allen deutschsprachigen Ländern tritt die Frage nach einer Verbesserung von Schulbildung und Kinderbetreuung in den Vordergrund • Noch immer sind in Deutschland, Österreich und der Schweiz die meisten Lehrstühle der Universitäten mit Männern besetzt, ebenso wie die Vorstandsposten der DAX-Unternehmen

Aber sonst wurde einfach auf ein anderes Schulsystem umgestiegen

Wenn ich an meine Schulzeit in der DDR denke, erinnere ich mich vor allem an die Wendezeit, als die Lehrer sehr verunsichert waren. Besonders im Oktober 1989, als man hier die Züge mit den Flüchtlingen aus den Botschaften durch den Bahnhof fahren ließ und die Lehrer verdonnert wurden, dafür zu sorgen, daß keiner der Schüler am Bahnhof auftauchte. Meine Eltern hatten es mir auch untersagt. Aber wenn ich mit der Straßenbahn gefahren bin, habe ich doch einiges gesehen. Polizisten mit Schlagstöcken und Wasserwerfern, die den Bahnhof verteidigten. Das hat mich schockiert. Diese Bilder von einer übermächtigen Polizei, den Brutalitäten, die sitzen noch heute tief. Wir hatten bis dahin in einer ziemlich heilen Welt gelebt. Ich jedenfalls, weil ich vorher nicht viel von solchen Dingen mitbekommen habe.

Ich war bei der Jungen Gemeinde innerhalb der evangelischen Kirche. Wir haben dort viel diskutiert, aber mehr zur Selbstverständigung. Tenor: DDR – wie weiter? Aber trotzdem Sozialismus. Das hatte sich dann bald erledigt. Zu dem, was gerade an Historischem geschah, haben sich viele Lehrer überhaupt nicht geäußert. Entweder wollten sie nicht, oder sie konnten es nicht. Im Geschichtsunterricht ging es eben dann nur noch um die alten Griechen. Es sind damals auch einige Lehrer gegangen, die Parteisekretäre waren oder Staatsbürgerkunde unterrichtet hatten. Aber sonst wurde einfach auf ein anderes Schulsystem umgestiegen.

UTA *aus: »Generation Ost«*

Manchmal würde ich schon gern wissen,

was aus mir geworden wäre, hätte die DDR sich nicht verabschiedet. Ob ich in die Partei eingetreten wäre? Kann schon sein. Ich war ja auch in der FDJ aktiv. Ärztin wäre ich aber auf jeden Fall geworden, das wollte ich schon immer, seit ich denken kann. Mein Jahrgang war der letzte, der nach zwölf Klassen das Abitur machte, und ich hatte manchmal das Gefühl, daß eine Art Trennwand zwischen uns und den Jüngeren stand. Vielleicht waren wir tatsächlich der letzte Schuljahrgang, der noch mit der DDR verbunden war. Die Klassen nach uns waren schon west-orientierter. Ich bin jedenfalls froh, daß ich im Osten aufgewachsen bin. Dadurch weiß ich, daß es noch andere Dinge gibt, nicht bloß Karriere und Egoismus, eine andere Lebensauffassung eben. Und die hatten wir nicht etwa, weil wir eine Kellergemeinschaft waren, weil wir nicht ausreisen durften. Kann schon sein, daß ich da einiges romantisiere. Was am Osten anders war, kann ich sowieso nur schwer beschreiben. Das war einfach eine andere Sorte Mensch.

CHRISTIANE PAUL *aus: »Generation Ost«*

Christiane Paul,
Schauspielerin und Ärztin

Nicht dieses Graue und Triste wie in der DDR

Was mich am meisten beeindruckt hat, war die Wende und die Zeit davor. Da hat mein Vater mich auch schon allein zu den Treffen gehen lassen. Das war ein so tolles Gefühl, der Domplatz war voller Menschen, die sich Luft machen wollten und sagten: So geht es nicht weiter. Auch an die Lichterketten erinnere ich mich, wie die Menschen über die Krämerbrücke und die Marktstraße gingen. Was da abends los war! Das hat sich von Tag zu Tag gesteigert. Erst waren die Treffen nur wöchentlich, dann jeden Tag. Es wurden immer mehr, die auf die Straße gingen, mit Plakaten und mit Kerzen in der Hand.

Als die Mauer fiel, saß unsere ganze Familie vor dem Fernseher. Es war Wahnsinn! Mein Vater hat geheult. Wir waren so aufgewühlt, daß wir uns alle in die Arme gefallen sind. Dann haben wir die Fenster aufgerissen und die Musik aufgedreht. Mein Bruder ist gleich am nächsten Tag zu meinem Opa nach Braunschweig gefahren. Wir sind ein paar Tage später gefahren. Da habe ich auf der westlichen Seite das erste Mal gesehen, wie einfach es sein kann, eine Grenze zu haben: ein Pfahl, sonst nichts. Dann der Westen, die vielen Werbeschilder, wie das eben bei uns jetzt auch ist, die Häuser bunt angestrichen, die Menschen freundlich, in bunterer Kleidung, nicht dieses Graue und Triste wie in der DDR.

SANDRA *aus: »Generation Ost«*

Mit Kerzen und Plakaten brachten die Menschen ihren Protest gegen die DDR-Führung zum Ausdruck, bis am 9. November 1989 die Mauer fiel.

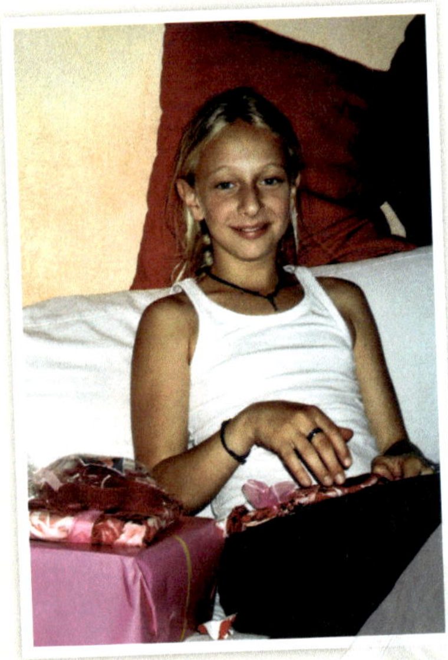

Paulina

Am liebsten würde ich nach Venedig ziehen

Wenn ich abends im Bett liege und nicht einschlafen kann, denke ich manchmal über mein zukünftiges Leben nach. Als erstes will ich im Abitur mit 1,0 abschneiden, ohne dafür zu lernen. Zum Studieren möchte ich nach Rom, Paris oder Madrid, am liebsten aber nach Venedig ziehen. Dort würde ich den ganzen Tag mit meinem kleinen Boot,

»Due cappuccini«, die Kanäle entlangfahren und mir sonderbare Leute angucken. Nach dem Studium bleibe ich in der Stadt und spiele in einem kleinen Theater. Natürlich würde ich mich freuen, wenn mich jemand als Schauspielerin entdeckt, aber das finde ich nicht sonderlich wichtig.

Meine Wohnung ist in einem mit Efeu bewachsenen Haus. Nach ungefähr acht Jahren am Theater werde ich mich mit meinem Mann, der aussehen soll wie die Fußballer Odonkor oder Henry, dorthin zurückziehen. Ich bekomme ein Kind und adoptiere eins aus Indien. In unserm Haus machen wir ein kleines Straßencafé auf. Die Spezialitäten des Hauses sind Nudeln und Mousse au Chocolat.

Aber natürlich kann alles ganz anders kommen und ich werde Zahnarzthelferin. – Hoffentlich nicht.

PAULINA FRIED

ENDLICH ACHTZEHN!

Zumindest im Geiste fühle ich mich so. Jetzt sind es nur noch gut vier Wochen, bis sich mir eine Tür in eine ganz neue Welt öffnet ... Obwohl, gibt es wirklich so viele Veränderungen? Werde ich morgens aufwachen und feststellen, daß ich die Lösungen für all meine Probleme und Antworten auf all meine Fragen gefunden habe? Unwahrscheinlich! Doch wenden wir uns den schönen Dingen des magischen Alters von achtzehn Jahren zu: Man darf so lange wegbleiben, wie man will, Alkohol trinken und Auto fahren (natürlich sollte man dies nicht miteinander verbinden). Außerdem bleibt man nicht mehr an Türstehern kleben oder wird des Kinos verwiesen, weil man unerlaubt in einen Erwachsenen-Film gehen wollte. Doch die Realität sieht anders aus: Meine Wochenplanung wird genauso aussehen wie jetzt auch: Montag bis Freitag Schule, wobei ich Dienstag, Donnerstag und Freitag arbeiten gehe und montags und mittwochs zu meinem Pferd fahre. Am Wochenende könnte ich nun abends in die Disco gehen, wenn ich nicht am nächsten Tag zu meinem Pferd gehen würde. Die offensichtlich positiven Aspekte des Erwachsenseins erscheinen mir als Mogelpackung! Was mir an Erwartungen an mein Leben als Achtzehnjährige bleiben wird, ist, daß ich hoffentlich mit der Zeit reifer werde, wobei es mir im Moment wie Pippi Langstrumpf geht, die Pillen gegen das Erwachsenwerden geschluckt hat.

Aber das ist natürlich auch keine Lösung. So blicke ich voller Furcht und Vorfreude (das eine schließt das andere ja nicht aus) meinem 18. Geburtstag entgegen und hoffe, daß der Mythos hält, was er verspricht!

NINA FINKEN

oben: Nina (links) und Antonia (rechts)
links: Freda (rechts) und ihre Schwester Clara

Ich wollte schon immer was mit Tieren machen, aber eine andere Vorstellung, die ich hab, ist, in einer psychiatrischen Anstalt als Therapeutin für Jugendliche tätig zu sein – im Bereich Eßstörungen oder Suizidgefahr. Natürlich habe ich, wie alle anderen Mädchen in meinem Alter, auch die Gedanken zu modeln oder zu singen, aber da diese Wunschträume vom wahren Leben weit entfernt sind, reduziert man sich lieber auf das mögliche.

FREDA DIEKMANN

Suche toleranten Mann ...

Möchtest Du eine Familie und Kinder haben?
Sicher erst mit Ende 20 oder Anfang 30, damit zwischen Studium und Familienleben noch etwas Freiraum bleibt. Ich will aber auf keinen Fall zu sehr eingeengt werden. Ich hoffe, ich werde einen toleranten Mann finden.
Möchtest Du gleichzeitig eine Familie haben und einen Beruf ausüben?
Mmh, die Vorstellung ist zwar irgendwie verlockend, aber sie klingt auch furchtbar stressig. Wenn sich die Familie gut mit einem Job vereinbaren läßt und vor allem nicht zu kurz käme, wäre das auf jeden Fall eine Option für mich. Im Moment hab' ich allerdings mehr die Karriere im Kopf. Allerdings könnte sich das in den nächsten zehn Jahren ändern ...

FRANZISKA BAUER

Wir sollten unsere Chancen nutzen

Ich bin ein Mädchen, 1991 in Deutschland geboren, namens Antonia. Ich bin etwas größer als die meisten meiner Freunde. Ich habe braune Augen und braune Haare. Mal wohne ich bei meiner Mutter, mal bei meinem Vater und seit einem Jahr auch im Internat. Aber das alles sind äußerliche Kennzeichen. Das Innere: Ängste, Vorlieben, Gedanken, Gefühle und viele andere Dinge. Zum Beispiel Angst davor, alleine in den Keller zu gehen, Angst davor, ohne Licht einschlafen zu müssen, Angst vor Spinnen, Angst, jemanden zu verlieren, Angst, jemanden zum Verlierer zu machen. Aber es gibt auch die Angst davor, eine Frau zu sein. Früher sollten Frauen Kinder zur Welt bringen, sie erziehen, kochen, putzen – mehr war ihnen nicht erlaubt. Heute, wo Deutschland eine Bundeskanzlerin hat, ist dies längst Vergangenheit. Ich denke, daß wir darüber froh sein können und daß wir Mädchen/Frauen unsere Ängste überwinden müssen. Wir sollten unsere Chancen nutzen, als Frau/Mädchen unsere Meinung sagen zu dürfen. Wir sollten unsere Gedanken und Gefühle aussprechen und mit anderen teilen, unsere Vorlieben äußern und unser Leben danach richten.

ANTONIA KOERFER

Abi in der Tasche. Und jetzt?

Scheinbar ein Meer voller Möglichkeiten ... einfach nur entscheiden und loslegen. Vor allem richtig entscheiden. Eine Mitschülerin plant ein freiwilliges soziales Jahr in Israel und Afrika, anschließend ein Theologiestudium. Inga will in Hamburg Modedesign studieren und Antonia Tiermedizin in Wien. Jane arbeitet zunächst ein paar Monate in einem Waisenhaus in Costa Rica.

Das erste Mal auf der Bühne stand ich mit vier Jahren in einer Aufführung meiner Ballettschule; mit meinem Bruder und Freundinnen habe ich Ballettaufführungen im Wohnzimmer gemacht. Meistens Schwanensee. Ich war die Schwanenkönigin, meine Großmutter das Publikum. Oder Zirkusaufführungen im Garten. Schon als kleines Mädchen saß ich begeistert in der Oper und bewunderte das Hamburger Ballett. Zunächst zog mich diese ganz besondere Theater-Atmosphäre an. Dann waren es unvergeßliche, eindrucksvolle Theaterstücke, die mich nicht mehr losließen. Und schließlich die »Theatermenschen«. Interessante Menschen. Interessante Biographien. Viele Gedanken. Ich habe mich immer hingezogen gefühlt zum Theater. Immer gewußt, daß ich da irgendwie hingehöre. Ich bin glücklich im Schauspiel, fordere mich selbst heraus, reagiere mich ab, sauge auf.

Manchmal ist es schwer, andere vom eigenen Traum zu überzeugen. Zweifel zu überwinden. Zu überzeugen. Immer wieder. Zu überraschen. Manchmal schwieriger noch, mich selbst zu überzeugen.

Ich habe Ballett und Stepptanz gelernt, gesungen und Klavier gespielt und während eines Internataufenthalts in Australien Schauspielunterricht genommen. Ich habe in verschiedenen Jugendtheatergruppen gespielt. Ich habe im Theater assistiert und bei Proben zugeschaut. Ich habe immer überlegt und geplant, was ich als nächstes mache, um meinem Ziel näherzukommen. Aufgehört und angefangen. Entscheidungen. Ein nächster, neuer Schritt. Und jetzt? Ich schreibe Bewerbungen für Schauspielschulen.

MARIE ULBRICHT

Marie beim Theaterspiel

Peng! Das saß!

Meine Welt war der Ausdruck – eingebettet in Tanz und Musik konnte ich mich meinen Träumen, Sehnsüchten und Gefühlen hingeben. Die Schreie waren lautlos und fanden mit meinem Körper ihr Ohr. Meine qualvolle Entscheidung zwischen dem Tanz und der Schauspielerei wurde mir aufgrund großer körperlicher Beschwerden abgenommen, und so begann ich mich während meines Abiturs auf die Vorsprechen vorzubereiten.

Ich dachte, ich müsse jetzt nur ein wenig umdenken und den Körper in Verbindung mit Sprache als Ohr benützen. Weit gefehlt! Nicht nur war ich sehr ungeübt, plötzlich meine Gefühle in meine Stimme und Gestik zu legen, nein, ich hatte eine ordentliche funktionelle Dysphonie und litt unter Stigmatismus, welche auf meine angeborene Innenohrschwerhörigkeit zurückzuführen sind. Diese Faktoren hatte ich in meinem Eifer und der Lust mich darzustellen nicht bedacht und rasselte prompt durch zwei Aufnahmeprüfungen, so daß ich unter meinem eigenen hohen Leistungsdruck in große Selbstzweifel geriet. Kurzerhand entschied ich mich, meinen anderen Traum, die Entdeckung der großen weiten Welt, in Angriff zu nehmen und mir Zeit und Raum zu geben, ob es denn nun wirklich der Weg der Kunst werden sollte. Ein Jahr reiste ich durch fremde Länder und (über-)lebte fernab von Materialismus, Druck und Alltag. Die vielen Eindrücke, Erfahrungen und auch die innere Ruhe sind mir bis heute unvergeßlich – und dennoch ließ mich der Wunsch, auf der Bühne zu stehen, nicht los, und so ging ich nach einem Jahr von dem einen Dschungel zurück in den anderen – nach Deutschland zu den Hochschulaufnahmeprüfungen. Ich bereitete mich vor, nahm logopädische Stunden und stellte mich aufgeregt der Berliner Prüfungskommission. Die »Kritik« war niederschmetternd und hat mich zutiefst verletzt: Auf süffisante Weise wurde gefragt, was ich denn für Hör- und Sprachprobleme hätte, das sei ja wirklich traurig, ich armes Ding, ts ts ts. Schauspielerei sei für Leute wie mich kein Beruf. Peng! Das saß!

Aber ich kämpfte weiter. Ich begann meine Ohren zu verdecken und nahm noch mehr logopädische Stunden, bis ich plötzlich in immer weitere Runden kam. Ich liebte meine Rollen, wuchs mit ihnen und bei der Aufnahmeprüfung in Essen am 7. Dezember 2005 habe ich mir gesagt: So, Mona, entweder packen sie die Figuren, so wie sie dich jedes Mal aufs Neue packen, oder du bist hier falsch!

Es hat geklappt.

Die Folkwang Hochschule war für mich immer meine Traumschule, schon als Zwölfjährige schaute ich mir Tanzproben an und wünschte mir, später einmal dort studieren zu dürfen. Die Atmosphäre, der menschliche Geist und die Internationalität der Schule haben mich damals schon stark beeindruckt.

Die Prüfungstage waren für mich ein einziges Auf und Ab – schwankend zwischen Selbstzweifel, Hoffnungen und Glaube gab es nur diese Stunden.

Samstag, 18. Februar 2006, ca. 19 Uhr: der erste Name fiel: Mona Kloos.

Nein!! Ich ... das kann doch nicht wahr sein ... tausend Gedanken schossen mir durch den Kopf: die vielen Aufnahmeprüfungen, Tränen, Wut, Hörgeräte – ich sollte es geschafft haben??? Der Kampf sollte nun vorbei sein?

Ich, Mona aus Leverkusen, darf hier studieren?

Die nächsten Wochen erlebte ich wie im Traum, und noch oft packte mich manchmal die Angst, daß irgend jemand anrufen könnte, um mir mitzuteilen, daß meine Schwerhörigkeit nun doch ein Problem sei. Es rief niemand an, und ich bin es tatsächlich, die über das Kopfsteinpflaster zum Unterricht geht, begleitet von Musikklängen, die aus den schönen, alten Gebäuden hallen.

Ich bin angekommen und sehr glücklich hier.

MONA KLOOS

Mona

Alice Sara Ott

ALICE SARA OTT, geb. 1988, Pianistin

Schon mit fünf Jahren trat Alice Sara Ott vor mehr als tausend Zuschauern im Münchener Herkulessaal auf: »Ich war überglücklich, so viele Menschen vor mir zu sehen, die begeistert applaudierten und Bravo riefen«. Von diesem Augenblick an stand für die temperamentvolle Deutschjapanerin fest: »Ich werde Pianistin.« Und Alice Sara machte schnell Karriere, bekam zahlreiche internationale Auszeichnungen. Als Fünfzehnjährige belegte sie als bisher jüngste Teilnehmerin des renommierten Silvio Bengalli Klavierwettbewerbs den 1. Platz. Für diesen Weg braucht man ihrer Meinung nach vor allem drei Dinge: »Disziplin, Glück und ... ein dickes Fell.«

ANNA FISCHER, geb. 1986, Schauspielerin

»Ein kleiner Schritt auf etwas zu ist immer besser als davon weg.« Das ist das Motto von Anna Fischer, die schon mit elf Jahren als Sängerin auf der Bühne stand. Ihr schauspielerisches Talent wurde 2002 entdeckt. »Nach dem ersten Drehtag war ich so aufgewühlt, daß ich beim Abendbrot mit meinen Eltern nicht mal in der Lage war, einen Satz klar auszusprechen«, erinnert sich die gebürtige Berlinerin. »Was mich fasziniert, ist, daß es eine Mega-Gaudi ist, wenn die Kamera läuft und man merkt, wie das Adrenalin durch den Körper saust. Eine Sucht!« Für ihre Darstellung des Mädchens Alma im Spielfilm *Liebeskind* wurde Anna im Jahr 2006 mit dem Max-Ophüls-Preis als beste Nachwuchsdarstellerin ausgezeichnet.

»Es scheint, daß eine Frau mehr Aussicht auf Erfolg hat, je höher sie ihre Ziele schraubt und je ungewöhnlicher sie in ihrer gewählten Umgebung ist.«

GERMAINE GREER

Anna Fischer

Iris Thurnherr

IRIS THURNHERR, geb. 1984, Rennfahrerin

Mit acht Jahren fuhr sie schon Seifenkistenrennen, mittlerweile kann sie sich ein Leben ohne Motorsport gar nicht mehr vorstellen: »Solange ich fahren kann, bin ich glücklich.« Karriere ist der Schweizerin da gar nicht so wichtig, »nur leider ist es ein sehr kostspieliger Sport und ich bin auf Sponsoren angewiesen und die kriegt man nur, wenn man Erfolg hat«. Dafür braucht man Durchhaltevermögen und Zielstrebigkeit, denn man muß auch immer wieder mal Rückschläge einstecken. »Man muß einfach seine Ziele vor Augen haben und nicht aufgeben.« Im Jahr 2000 holte sie den Vizemeistertitel in der Formel-A. Ihr größter Wunsch ist es, Profirennfahrerin zu werden.

LENA MEYER-LANDRUT, geb. 1991, Sängerin

»Germany, twelve points« – dieser Satz ertönte überraschend oft beim 55. Eurovision Song Contest in Oslo im Mai 2010. 28 Jahre nach Nicoles »Ein bißchen Frieden« war es eine 19jährige Abiturientin, die Deutschland zum zweiten Grand-Prix-Sieg verhalf.

Angefangen hatte alles in der von TV-Moderator Stefan Raab ins Leben gerufenen Castingshow »Unser Star für Oslo«. Mit erfrischender Natürlichkeit, sympathischer Schlagfertigkeit und jeder Menge Charme setzte sich Lena Meyer-Landrut innerhalb weniger Wochen im Wettbewerb gegen mehr als 4500 Mitstreiter durch und versetzte ganz Deutschland ins »Lena-Fieber«. Mitten im Abiturstreß meisterte die Hannoveranerin sämtliche Auftritte mit spielerischer Leichtigkeit und sang sich mit »Satellite« an die Spitze der Charts. Trotz des anhaltenden Erfolgs hat Lena ihre Bodenständigkeit nicht verloren: »Es ist ein Schnappschuß, mehr nicht. Ein schönes Bild für den Moment! Ich bin gespannt, welche Momente die Zukunft mir noch bringen wird.«

Lena Meyer-Landrut

»Für die dummen Frauen
hat man die Galanterie;
aber was tut man mit den Klugen?
Da ist man ratlos.«

HEINRICH MANN

Nachwort

So kriegst du ihn!«, »Bist du gut im Bett? Mach den Test«, »So kannst du dich älter stylen«, »Mach sie neidisch auf dich«, »Die neuen Marken, die besten Schnitte«, »So küßt du richtig!« – dies alles sind Schlagzeilen der Titelseiten von *Mädchen, BRIGITTE Young Miss, BRAVO* und *BRAVO Girl.* Schaut man sich diese Zeitschriften an, könnte man meinen, Mädchen interessieren sich ausschließlich für Stars, Klamotten, fürs Schminken und für Jungs – als hätte es eine Frauenbewegung nie gegeben.

Man könnte sogar noch weitergehen und vermuten, daß sich die Mädchen heute zwar äußerlich sehr stark, nicht aber in ihren Zielsetzungen von denen ihrer »Schwestern« um 1900 unterscheiden. Denn auch in dem »Goldenen Mädchenbuch« von 1906 erhielten die Leserinnen neueste Modetips und Verhaltensmaßregeln bei ihren Bestrebungen, den richtigen Mann zu finden. Verbunden waren solche wohlgemeinten Ratschläge allerdings immer mit dem Leitbild der guten Ehefrau und Mutter. Ein selbständiges, selbstbestimmtes Leben mußte für Mädchen und Frauen im wilhelminischen Zeitalter ein Wunschtraum bleiben.

Dies änderte sich nach der Revolution von 1918. Die kurzen Haare und kurzen Röcke der zwanziger Jahre waren Ausdruck einer offensiven, körperlichen Bewegungsfreiheit und zugleich Symbol emanzipatorischer Weiblichkeit. Frauen erhielten in Deutschland das Wahlrecht, Studentinnen – zwar weiterhin in der Minderzahl – gehörten an den Universitäten nicht mehr zu den exotischen Erscheinungen. Künstlerinnen rückten in das Bild der Öffentlichkeit, schufen neue Leitbilder. Junge Mädchen gingen nicht mehr nur als Dienstboten in Stellung, sondern auch in Fabriken oder Büros. Ein Heer weiblicher Angestellter gab den Straßen, den Warenhäusern und Schreibbüros in den Großstädten eine charakteristische Prägung. Feste Arbeitszeiten und regelmäßiges Gehalt ermöglichten diesen Frauen eine größere Autonomie.

Der begonnene Weg in Richtung Gleichberechtigung zwischen den Geschlechtern erfuhr jedoch einen jähen Abbruch mit dem Erstarken der Nationalsozialisten. Das überkommene Frauenbild rückte wieder in den Vordergrund. Kinder für die »Volksgemeinschaft« in die Welt zu setzen wurde für die Frau oberstes Gebot, so wie Hitler es auf einer Tagung der NS-Frauenschaft am 8. September 1934 propagandistisch verkündet hatte: »Jedes Kind, das sie zur Welt bringt, ist eine Schlacht, die sie besteht für das Sein und Nichtsein des Volkes.« Die Mädchen auf diese Aufgabe vorzubereiten war einziges Ziel in den Organisationen der Jungmädel, des BDM und der Bewegung »Glaube und Schönheit«. Und so formulierte der BDM seine Zielvorstellung entsprechend: »Unser Ziel ist der ganze Mensch, das Mädel, das gesund und klar seine Fähigkeiten einsetzen kann für Volk und Staat.« Gesund, schön, blond und tüchtige Hausfrauen sollten sie sein – Aufgaben im Beruf und im öffentlichen Leben galten nicht mehr als erstrebenswert, ja in den ersten Jahren der Naziherrschaft wurde die Berufstätigkeit der Frauen geradezu bekämpft. Weibliche Angestellte und Beamtinnen wurden aus dem öffentlichen Dienst entlassen, die Zahl der Studienanfängerinnen beschränkt, und ab 1936 hatten Juristinnen keine Chance mehr, als Rechtsanwältin, Richterin oder Staatsanwältin zugelassen zu werden. Die Beschränkung auf Heim und Herd erwies sich allerdings bald als kurzsichtig: Die Männer mußten in den Krieg ziehen, und nun wurden Frauen wieder überall gebraucht und sogar als Funkerinnen oder Flakhelferinnen an der Front verheizt.

Das in zwölf Jahren von nationalsozialistischer Ideologie geprägte Mädchenbild blieb noch lange stark verwurzelt in den Köpfen der Deutschen und wirkte bis weit hinein in die sechziger Jahre. Daran hatte auch die Nachkriegszeit nichts zu ändern vermocht, in der gerade die Frauen und Mädchen das Leben im zerstörten Deutschland wieder in Gang bringen mußten – ohne die Männer und völlig auf sich allein gestellt.

Erst als in den sechziger Jahren die Jugendlichen ihre Eltern und Großeltern mit der jüngsten Vergangenheit konfrontierten und in diesen heftig geführten Debatten nahezu alle bis dahin gültigen Werte in Frage gestellt wurden, geriet das traditionelle Mädchenbild erneut ins Wanken. Wie die jungen Männer widersetzten sich auch die Mädchen den von patriarchalischen Vorstellungen geprägten Rollenzuschreibungen und probten den Aufstand. Im Zusammenhang mit der antiautoritären Studentenbewegung, die trotz ihres politischen Anspruchs vielen traditionellen Rollenklischees verhaften blieb, formierte sich die neue Frauenbewegung. Durch sie – und mit der Einführung der Antibabypille – gelang es den Mädchen und jungen Frauen zunehmend, ihre Vorstellungen von einem selbstbestimmten Leben umzusetzen. »Selbstverwirklichung« wurde zu einem der häufig gebrauchten Schlagwörter in den siebziger und achtziger Jahren, Bildung und Berufstätigkeit für die Mädchen mehr und mehr zur Selbstverständlichkeit. Gleichberechtigung schien zumindest in dieser Generation keine Utopie mehr zu sein, viele der jungen Väter fühlten sich für die Erziehung der Kinder ebenso verantwortlich wie die Mütter. Nunmehr wuchs eine Mädchengeneration heran, auf die der Kampf der Mütter um Gleichberechtigung, Selbstverwirklichung und finanzielle Unabhängigkeit beinahe exotisch wirken mußte. Feminismus, Quote und Frauenbeauftragte waren Themen von gestern. Die »Girlies« der neunziger Jahre wollten Spaß und Karriere, gaben sich sexy, klug, selbstbewußt. Ein neuer Frauentypus schickte sich an, als Gewinner im Geschlechterkampf ins neue Jahrhundert zu starten. Die Mädchen lesen mehr, sie verfügen über bessere Schulabschlüsse als Jungen, sie haben auch in den Naturwissenschaften ihre männlichen Klassenkameraden überholt, und sie planen genauso selbstverständlich wie die Jungen eine berufliche Karriere. Warum aber dann diese Flut der kommerziellen Zurschaustellung des weiblichen Körpers in Hochglanzmagazinen, Frauenzeitschriften und Mädchenheften? Warum solche Schlagzeilen wie: »So kriegst du ihn«? Soll das also doch oberstes Ziel weiblichen Daseins sein? Sollen alle (vor allem) körperlichen und geistigen Bemühungen letztlich dem einen Zweck dienen, den Männern zu gefallen? Schließt sich hier der Kreis eines Jahrhunderts? So ganz abwegig ist diese Annahme nicht. Jedenfalls scheint der Druck, der auf den Mädchen von heute lastet, ungleich schwerer als vor hundert, fünfzig oder zwanzig Jahren. Die Mädchen müssen nicht nur körperlich den Idealvorstellungen entsprechen, sondern im Alter zwischen zwanzig und fünfunddreißig Jahren die Ausbildung abgeschlossen, Berufserfahrung gesammelt, den Mann fürs Leben gefunden – und Kinder bekommen haben. Da die wenigsten das alles schaffen, kommt der Druck schon bei Schülerinnen an – viele von ihnen reagieren darauf mit Krankheiten wie Eßstörungen oder Depressionen. Hinzu kommt, daß die Mädchen auch heute noch mit einer Realität auf dem Arbeitsmarkt konfrontiert werden, die auf Jungen und Männer eingerichtet ist. Auch wenn es Konzepte wie »womenpower« gibt, die jungen, gebildeten und mobilen Frauen hervorragende Chancen auf dem Arbeitsmarkt geben. Die aber bleiben verschlossen, sobald das Thema Kinderbetreuung aktuell wird. In einer Umfrage einer Unternehmensberatung wird auf die Frage, wie sich der Anteil von Frauen in Führungspositionen erhöhen ließe, an erster Stelle die ganztägige Kinderbetreuung genannt. Dies hat auch unsere Befragung von Mädchen zwischen elf und sechzehn Jahren ergeben, die wir für dieses Buch durchgeführt haben. Die Mehrheit möchte berufstätig sein, eine Familie haben und die Kinder versorgt wissen.

Allerdings haben Arbeitslosigkeit und hohe Scheidungsraten auch zu Unsicherheit und Verzagtheit im Hinblick auf eine optimistische Zukunftsplanung geführt. Auf die Frage nach ihren Ängsten fürchten viele Mädchen, nach Schule oder Studium ohne Job dazustehen. Und in einigen Antworten schimmerte gar die Sehnsucht nach einer traditionellen Rollenverteilung durch, die von einem berufstätigen Mann und einer nichterwerbstätigen Mutter zu Hause ausgeht. Die alten Rollen taugen nichts mehr, und die neuen sind noch nicht optimal besetzt, kein Wunder also, daß sich Unsicherheit breitmacht (allerdings bei den Mädchen wie den Jungen gleichermaßen). Und es mag an dieser Stelle zumindest erwähnt werden, daß das Aufbrechen der Rollen auch zu mehr Gewaltbereitschaft unter Mädchen führt und aggressive Mädchengangs in Großstädten längst keine Einzelfälle mehr sind.

Doch auch wenn die Debatte um Glück oder Unglück der Emanzipationsbewegung gerade jetzt wieder neu begonnen hat, so ist unser Fazit dennoch positiv. In einer unsicher scheinenden Welt haben wir viele Mädchen getroffen und befragt, die ihre Chancen erkennen und auch nutzen. Es sind Mädchen aus unterschiedlichen Gesellschaftsschichten, von denen einige in mehreren Kulturen aufgewachsen sind. Es sind Mädchen, die, bei aller Unterschiedlichkeit, bereits als Kinder ein bestimmtes Ziel verfolgt und dieses nicht mehr aus den Augen verloren haben. Diese »klugen« Mädchen bilden den Abschluß und zugleich den Höhepunkt der Mädchen-Geschichte des gesamten 20. und beginnenden 21. Jahrhunderts. Diese jungen Mädchen und Frauen sind auf dem Weg, erfolgreiche Musikerinnen, Schriftstellerinnen, Modedesignerinnen, Rennfahrerinnen, Physikerinnen, Politikerinnen, Entwicklungshelferinnen und vieles andere zu werden. Mit einer Mischung aus Zähigkeit, Kraft, Selbstbewußtsein und Begabung werden sie ihr Ziel erreichen.

Auf unserer Reise durch das Jahrhundert sollten große Linien ebenso gezeigt werden wie biographische Details; eine komplette Darstellung konnte und sollte hier nicht erfolgen. Und so ist das Besondere, daß unsere Mädchengeschichte im wesentlichen aus persönlichen Erinnerungen besteht. Einige davon wurden schon in anderen Publikationen veröffentlicht, viele der Texte aber wurden für dieses Buch geschrieben oder aus Tagebüchern, Aufzeichnungen und Briefen ausgewählt und uns zur Veröffentlichung übermittelt: Trauriges und Komisches, Rätselhaftes und Erhellendes, Überraschendes und Informatives. Gemeinsam mit den Photographien, die zu einem großen Teil aus privaten Photoalben stammen, spiegeln sie den Wandel des Mädchenbildes eines ganzen Jahrhunderts wider. Sie zeigen, auf welche Weise unsere Großmütter und Mütter, wir selbst und unsere Töchter von der jeweiligen Zeit geprägt wurden und werden. Sie bezeugen aber auch, daß es zu jeder Zeit die Mutigen und Klugen gegeben hat, die trotz aller Hindernisse ihren eigenen Weg gehen. Es stimmt uns optimistisch, daß so viele Mädchen werden konnten, wie sie noch vor wenigen Jahrzehnten nicht werden sollten: gut ausgebildet, unabhängig und selbstbewußt.

ANTONIA MEINERS

Danksagung

All jenen Frauen und Mädchen, die uns so bereitwillig teilhaben ließen an ihrem Mädchenleben, uns diese Fülle an Material zur Verfügung stellten und für dieses Buch Beiträge geschrieben haben, sei hiermit ganz besonders herzlich gedankt. Namentlich erwähnt seien hier noch einmal Sabine Hollburg und Darja Süßbier, in deren Poesie- und Fotoalben wir interessantes Material gefunden haben, Ursula Nienhaus vom Frauenforschungs-, -bildungs- und -informationszentrum Berlin (FFBIZ) und vor allem auch die vielen Mädchen, die uns durch die Teilnahme an unserer Fragebogenaktion wertvolle Anregungen gegeben haben, unter anderem Mary Lou und Ronja aus Zepernick, Sina aus Linda, Marisa und ihre Freundinnen aus Berlin und die beiden Kickerinnen Hanna und Merle aus Berlin.

BIOGRAPHIEN

Franziska Bauer, geboren 1988 in Tegernsee. 2005/2006 ein Jahr als Gastschülerin in Thailand.

Freda Diekmann, geboren 1989 in Hamburg.

Elisabeth Dietz, geboren 1925 in Marktredwitz. Ausgebildet als technische Zeichnerin, Fremdsprachenkorrespondentin und Chefsekretärin. Später Hausfrau, Freizeitjournalistin und Autorin.

Margot Faber, geboren 1939 in Frankfurt am Main. 1958 Heirat, Geburt einer Tochter, Arbeit im Betrieb der Mutter (Herstellung von Molkereiprodukten) als Aushilfsfahrerin und Buchhalterin. Übernahme des Betriebs. Neuanfang in der Bank, Verkauf des Betriebs 1981. Eintritt in den Ruhestand 1997.

Nina Finken, geboren 1988 in Berlin.

Ingeborg Fried, geboren 1930 in Berlin. Ausbildung zur Buchhändlerin, dann im S. Fischer Verlag in Frankfurt am Main tätig, einige Jahre als Sachbuchredakteurin. Mutter dreier Kinder. Ausbildung zur Eheberaterin, Mitarbeiterin in der Telefonseelsorge. Besuch des Abendgymnasiums. Einige Jahre Sprachstudien in England, Kanada, USA, Schweiz und Frankreich, später Seniorstudentin am Humboldt-Studienzentrum der Universität Ulm.

Paulina Fried, geboren 1994 in München.

Servatia Gessner-Van Kersbergen, geboren 1953 in Würzburg. Diplompsychologin und Psychotherapeutin. Sie lebt und arbeitet in Berlin, ist sowohl therapeutisch als auch ausbildend selbständig tätig, hat eine Tochter und einen Sohn.

Ulla Hahn, geboren 1946 in Brachthausen. Promovierte Germanistin, Lyrikerin und Romanautorin. Zu ihren großen Erfolgen zählt der 2001 erschienene Roman »Das verborgene Wort«, der mit dem Deutschen Buchpreis ausgezeichnet wurde. Zahlreiche weitere Literaturpreise. 2014 erschien ihr Roman »Spiel der Zeit«.

Mona Hansen, geboren 1963 in Heidelberg. Kaufmännische Leiterin, zwei Kinder, lebt in Berlin.

Lily Honegger-Schaad, geboren 1946 in St. Gallen/Schweiz. Organisatorin internationaler Ausstellungen und Betreuung der Presse sowie Projektarbeit im sozialen Bereich. Mitgründerin der ersten Modeboutique der Schweiz 1965, später Geschäftsführerin. Gründungsmitglied des ersten Frauen-Lions-Clubs im deutschsprachigen Raum. Lebt bei Zürich und hat zwei erwachsene Söhne. Ihre Hobbys sind Tauchen, Skifahren, Reisen und klassische Musik.

Ilse Jung, geboren 1948 in Duisburg. Autorin, Musikerin, bildende Künstlerin, Gründerin und Bassistin der Band »Still Alive«. Freiberuflich tätig in eigener Musikschule. Veröffentlichung der umfangreichsten Sammlung von Martins- und Laternenliedern »Abends, wenn es dunkel wird« (2001) und der CD »Take Me With You« mit ihrer Band (2001).

Anita Kästner, 1924–2011. Ausbildung zur Restauratorin an der Kunstakademie Dresden. Flucht in den Westen, Enteignung des Familienbesitzes. Restauratorin an der Graphischen Sammlung München sowie an den Kunstsammlungen der Veste Coburg und am Germanischen Nationalmuseum Nürnberg. Ab 1954 freiberuflich tätig.

Nikoline Kästner, geboren 1959 in Wolfenbüttel. Ausbildung zur Restauratorin für Handzeichnungen und Druckgraphik an der Herzog August Bibliothek Wolfenbüttel. Tätigkeit im Suhrkamp Verlags, Frankfurt am Main. Studium der Kunstgeschichte in Frankfurt am Main, Gießen und Bonn. Unter anderem konservatorische Betreuung der Sammlung Deutsche Bank und Deutsche Guggenheim Berlin.

Mona Kloos, geboren 1983 in Bergisch Gladbach, Schauspielerin.

Elisabeth Knoll, 1932 geboren in Augsburg. Lebt nach zahlreichen Umzügen, die sie durch halb Deutschland führten, in Frankfurt am Main. Während des Krieges Besuch eines Internats in Salzburg. Ausbildung zur Zahntechnikerin, später Hausfrau und Mutter, zwei Kinder.

Antonia Koerfer, geboren 1991 in Frankfurt am Main. Besuch eines Internats im Odenwald. Ihre Leidenschaft gehört der Photographie und der Kunst.

Gabriele Kronenberg, geboren 1946 in Düsseldorf. Nach dem Abitur Lehre als Verlagsbuchhändlerin in München. Mutter einer Tochter. Im Deutschen Historischen Museum in Berlin war sie verantwortlich für die Herstellung der Publikationen.

Yvonne Lang-Chardonnens, geboren 1928 in Zürich. Besuch von Handelsschule und Konservatorium, anschließend Lehrdiplom und Kammermusikdiplom. Sprachstudien in Japanisch, Arabisch und Russisch. Jährliche Besuche der Meisterklasse Menahem Pressler in den USA.

Gerda-Elisabeth May, geboren 1923 in München. Schulzeit in Berlin, Studium Deutsch, Englisch und Geschichte an der Universität München, Abschluß mit Staatsexamen. Von 1956 bis 1989 Gymnasiallehrerin an der Rudolf-Steiner-Schule in München.

Beatrix Neumann, geboren 1954 in Göttingen. Lange Jahre als Erzieherin und Leder-Designerin tätig, lebt in Berlin.

Marianne Oberschmid, geboren 1933 in Augsburg. Da sie nicht Schauspielerin werden durfte, erhält sie eine kaufmännische Ausbildung, nach der Eheschließung Mitarbeit im Familienunternehmen »Pfaff Nähmaschinen« in Augsburg, später Hausfrau und Mutter.

Alice Ricciardi-von Platen, 1910–2008. Promovierte Ärztin und Therapeutin. Schülerin der Schule Schloß Salem noch unter Kurt Hahn. Während der NS-Zeit junge Landärztin in Österreich. 1946 zusammen mit Alexander Mitscherlich kritische Beobachterin beim Nürnberger Ärzteprozeß. 1948 erschien ihr Buch »Die Tötung Geisteskranker in Deutschland«.

Anne Richter, geboren 1934 in Zeulenroda, Dramaturgin. 1950 bis 1952 Besuch der Handelsschule im Westberliner Lette-Haus, danach arbeitsbedingtes Pendeln zwischen Ost und West, das 1959 mit Heirat in Ostberlin endete. Zwei Söhne.

Nach acht Jahren Hausfrau- und Mutter-Dasein Arbeit als Dramaturgin beim DEFA-Studio für Dokumentarfilme. Fernstudium der Kulturwissenschaft an der Humboldt-Universität zu Berlin. Nach der Wende Kurzgeschichten, Dokumentarfilm-, Rundfunk- und Fernseharbeiten.

Nina Schindler, geboren 1946 in Lüdenscheid. Lebt mit Mann und fünf Kindern in Bremen und arbeitete viele Jahre lang als Lehrerin an einer Gesamtschule. Literaturkritikerin für Zeitschriften und Rundfunk. Sie hielt Vorträge über Kinder- und Jugendmedien. Seit 1991 schreibt sie selbst Kinder- und Jugendbücher und verfaßt Beiträge zu Anthologien. Außerdem übersetzt sie aus dem Englischen und Französischen Kinder- und Jugendbücher, Kriminal- und andere Romane.

Adrienne Schneider, geboren 1956 in Frankfurt am Main, Ausbildung zur Verlagsbuchhändlerin. Organisierte 33 Jahre lang mit großer Leidenschaft für die Autoren des Suhrkamp Verlages in Frankfurt am Main Lesungen und Veranstaltungen. Seit 2010 selbständig.

Kerrin Gräfin von Schwerin, geboren 1941 in Husum. Promovierte Historikerin, Publizistin und Schriftstellerin. Studium der Geschichte in Berlin, USA und Indien, Promotion an der Universität Heidelberg, Habilitation am Südasien-Institut Heidelberg, Lehrtätigkeit an den Universitäten Heidelberg, Stuttgart und Berlin. Zahlreiche Publikationen, u.a. »Frauen im Krieg« (1998), »Wilhelmstraße 63. Schicksalsjahre einer preußischen Familie« (2008), »Shakti« (Roman; 2013).

Claudia Selheim, geboren 1959 in Krefeld. Studium der Geschichte in Würzburg und Wien, mit anschließender Promotion 1993. Mitarbeiterin im Bayerischen Textil- und Industriemuseum in Augsburg, heute Leiterin der Sammlungen Volkskunde, Spielzeug und Judaica am Germanischen Nationalmuseum in Nürnberg. Zahlreiche Veröffentlichungen.

Antje Taffelt, geboren 1949 in Kirchmöser an der Havel. Studium der Germanistik an der Humboldt-Universität in Ostberlin. Anschließend Promotion und Tätigkeit am Zentralinstitut für Literaturwissenschaft der Akademie der Wissenschaften der DDR. Seit den neunziger Jahren freie Autorin und Lektorin im Sachbuchbereich.

Marie Ulbricht, geboren 1987 in Henstedt-Ulzburg.

Silke Wagler, geboren 1968 in Leipzig, Modedesignerin. Ausbildung zur Herrenschneiderin an den Leipziger Theaterwerkstätten. Seit 1994 betreibt sie ihr eigenes Atelier in Leipzig. Neben Maßgarderobe schneidert sie auch prämierte Kostüme für Opern- und Theateraufführungen sowie für Fernsehproduktionen. Teilnahme an vielen namhaften Modeschauen und Präsentationen.

Thekla Carola Wied, geboren 1944 in Breslau, heute Wrocław/Polen, Schauspielerin. Absolvierte die Folkwang-Hochschule in Essen. Über ein Jahrzehnt Engagements an verschiedenen deutschen Bühnen, seither zahlreiche Rollen in Film und Fernsehen. Ausgezeichnet unter anderem mit dem Bundesfilmpreis in Gold und dem Bayerischen Fernsehpreis. Sie ist Botschafterin der SOS-Kinderdörfer.

Burgel Zeeh, 1937–2009. Volksschule, Lyzeum und Höhere Handelsschule, 1955 bis 1957 Stenotypistin im Papierwerk Paul Reuther, Neuwied, anschließend zehn Jahre Tätigkeit als Sekretärin des Verlegers Eduard Reifferscheid, Luchterhand Verlag, Neuwied und Berlin. Oktober 1967 bis September 2002 Sekretärin und rechte Hand des Verlegers Siegfried Unseld, Suhrkamp Verlag, Frankfurt am Main.

QUELLENNACHWEISE

Anonyma, *Eine Frau in Berlin. Tagebuchaufzeichnungen vom 20. April bis 22. Juni 1945.* Mit einem Nachwort von Kurt W. Marek. © AB – Die Andere Bibliothek GmbH & Co. KG, Berlin 2003, 2011 (erschienen als Band 221 der Anderen Bibliothek im Eichborn Verlag, Frankfurt am Main), S. 74f.

Autze, Rajan, *Treibgut des Krieges. Flüchtlinge und Vertriebene in Berlin 1945.* © 2001 Ullstein Buchverlage GmbH, Berlin, S. 82

Benz, Ute (Hrsg.), *Frauen im Nationalsozialismus. Dokumente und Zeugnisse.* Verlag C.H. Beck, München 1993/Institut für Zeitgeschichte München-Berlin, Archiv, ED 513, S. 53f., 55

Billerbeck, Liane von (Hrsg.), *Generation Ost: aufmüpfig, angepasst, ehrgeizig? Jugendliche nach der Wende. 12 Selbstaussagen.* Ch. Links Verlag, Berlin 1999, S. 150, 150f., 151f.

Boveri, Margret, *Verzweigungen. Eine Autobiographie.* Hrsg. und mit einem Nachwort von Uwe Johnson. Piper Verlag, München/Zürich 1977. Abdruck mit freundlicher Genehmigung von David Dambitsch, S. 23, 25, 27, 28, 30f.

BRAVO, 25. März 1976, S. 138

Das Blatt gehört der Hausfrau. Zeitschrift für die Angelegenheiten des Haushalts. Berlin 1901, S. 17

Deutschkron, Inge, *Ich trug den gelben Stern.* Erstmals erschienen 1978 im Verlag Wissenschaft und Politik, Köln. © 1992 Deutscher Taschenbuch Verlag, München, S. 59f., 60, 61

Dönhoff, Marion Gräfin, *Bilder, die langsam verblassen. Ostpreußische Erinnerungen.* © 1989 Wolf Jobst Siedler Verlag, München, in der Verlagsgruppe Random House GmbH, S. 35

Felsmann, Barbara (Hrsg.), *Beim kleinen Trompeter habe ich immer geweint. Kindheit in der DDR.* Lukas Verlag, Berlin 2003, S. 128, 133, 145, 146

Flacke, Uschi (Hrsg.), *Weil du ein Mädchen bist.* Quell-Verlag, Stuttgart 1996, S. 85, 101, 102

Anne Frank Tagebuch. Einzig autorisierte und ergänzte Fassung Otto H. Frank und Mirjam Pressler. © 1991 by ANNE FRANK-Fonds, Basel. Alle Rechte vorbehalten S. Fischer Verlag GmbH, Frankfurt am Main, S. 64

Fraser, James Howard, Mara Vishniac Kohn und Aubrey Pomerance (Hrsg.), *Roman Vishniacs Berlin.* © 2005 Nicolaische Verlagsbuchhandlung GmbH, Berlin, S. 62f.

Goetze, Alfred (Hrsg.), *Trübners Deutsches Wörterbuch.* Walter de Gruyter, Berlin, Leipzig 1935, S. 18

Grabner, Sigrid und Hendrik Röder (Hrsg.), *Emmi Bonhoeffer. Essay, Gespräch, Erinnerung.* Lukas Verlag, Berlin 2004, S. 27

Haffner, Sarah, *Eine andere Farbe. Geschichten aus meinem Leben.* Transit Verlag, Berlin 2001. © Sarah Haffner. Abdruck mit freundlicher Genehmigung der Autorin, S. 99, 100

Heiß und kalt. Die Jahre 1945 – 69. Red. Eckhard Siepmann. Elefanten Press, Berlin (West) 1986. Abdruck mit freundlicher Genehmigung von Gabriele Huster, S. 122, 123

Henicz, Barbara, *Generationen ohne Gleichen. Frauen fragen Frauen. Frauen erzählen Frauen.* Hrsg. Landeshauptstadt Hannover, Freizeitheim Stöcken. Offizin GmbH (Druck), Hannover 1990, Abdruck mit freundlicher Genehmigung, S. 52

Hornstein, Erika von, *So blau ist der Himmel. Meine Erinnerungen an Karl Schmidt-Rottluff und Carl Hofer.* © 1999 Nicolaische Verlagsbuchhandlung GmbH, Berlin, S. 46f.

Hug-Hellmuth, Hermine (Hrsg.), *Tagebuch eines halbwüchsigen Mädchens.* Internationaler Psychoanalytischer Verlag, Leipzig, Wien 1919, S. 20, 21, 24, 29

Hurrelmann, Klaus et al. (Hrsg.), *Koedukation – Jungenschule auch für Mädchen?* Leske & Budrich Verlag, Opladen 1985, S. 142

Keun, Irmgard, *Das Mädchen, mit dem die Kinder nicht verkehren durften.* A. d. Lande, Amsterdam 1936, S. 34f.

Knef, Hildegard, *Der geschenkte Gaul. Bericht aus einem Leben.* Funkturm Verlag / Peermusic, Berlin, Hamburg, S. 66, 72, 73

Kraushaar, Elmar, »Deutsche Kinder«, aus: Claudia Schmölders (Hrsg), *Deutsche Kinder. Siebzehn biographische Porträts.* Copyright © 1997 Rowohlt Berlin Verlag GmbH, Berlin, S. 99f.

Kunstamt Berlin-Kreuzberg / FHXB Friedrichshain-Kreuzberg Museum (Hrsg.), *Kürbisse im Böcklerpark. Museumsbesucher/innen erzählen von Kriegsende und Neubeginn.* Aufgeschrieben und gesammelt von Arnim und Brigitte Habraneck. FHXB Friedrichshain-Kreuzberg Museum, Berlin 1995, S. 79

Maron, Monika, *Pawels Briefe.* © S. Fischer Verlag GmbH, Frankfurt am Main 1999, S. 87

McRobbie, Angela und Monika Savier (Hrsg.), *Autonomie – aber wie? Mädchen, Alltag, Abenteuer.* Verlag Frauenoffensive, München 1982, S. 141

Mühlen, Hermynia zur, *Das Riesenrad.* Engelhorn, Stuttgart 1932, S. 49

Palmer, Lilli, *Dicke Lilli – gutes Kind.* Droemer-Knaur Verlag, München 1974. © 1974 Carey Harrison, New York, und AVA, München, S. 42f., 43f., 44f.

Pörtner, Rudolf (Hrsg.), *Mein Elternhaus. Ein deutsches Familienalbum.* Econ Verlag, Düsseldorf, Wien 1984. © Rudolf Pörtner jun., Dresden; Irene Steffen, Berlin. Abdruck mit freundlicher Genehmigung von Rudolf Pörtner jun. und Irene Steffen, S. 26

Salewsky, Anja, *Der olle Hitler soll sterben. Erinnerungen an den jüdischen Kindertransport nach England* © 2001 Claassen Verlag in der Ullstein Buchverlage GmbH, Berlin, S. 63f.

Scholl, Hans und Sophie Scholl, *Briefe und Aufzeichnungen.* Hrsg. von Inge Jens. © S. Fischer Verlag GmbH, Frankfurt am Main 1984, S. 65

Schultz, Dagmar (Hrsg.), *Ein Mädchen ist fast so gut wie ein Junge. Sexismus in der Erziehung.* Frauenselbstverlag, Berlin 1978. © Dagmar Schultz. Abdruck mit freundlicher Genehmigung von Dagmar Schultz, S. 140

Sei wie das Veilchen im Moose ... Ein Lesebuch. Frauen und Mädchen im Landkreis Oldenburg von 1900 bis 1950. Hrsg. vom Landkreis Oldenburg – die Frauenbeauftragte, Oldenburg 1992, S. 56

Siebe, Josephine (Hrsg.), *Das goldene Mädchenbuch.* Herold Verlag, Stuttgart o.J., S. 19

Smit, Erik, Evthalia Staikos und Dirk Thormann (Hrsg.), *3. Februar 1945. Die Zerstörung Kreuzbergs aus der Luft.* FHXB Friedrichshain-Kreuzberg Museum, Berlin 1995, S. 73

Steinau, Malvine von (Hrsg.), *Leitfaden für junge Mädchen beim Eintritt in die Welt.* Leipzig 1895, S. 18

Stern, Carola, *Uns wirft nichts mehr um. Eine Lebensreise.* Copyright © 2004 by Rowohlt Verlag GmbH, Reinbek bei Hamburg, S. 57f., 78

Stuttgarter Zeitung, 7. Januar 1978, S. 139

Szepansky, Gerda (Hrsg.), *Die stille Emanzipation. Frauen in der DDR.* S. Fischer Verlag GmbH, Frankfurt am Main 1995. © Regina Szepansky. Abdruck mit freundlicher Genehmigung der Erben, S. 139f., 144

Der Tagesspiegel, 26. April 1981, S. 143

UHU, Dezember 1929, S. 48

Vorbereitung auf das Leben, um 1900, S. 16

Walch, Christine, *Hauptsache heiraten oder Wie ich die sexuelle Revolution knapp verpaßt habe.* Pendo Verlag, Zürich/München 2002. © Christine Luchsinger. Abdruck mit freundlicher Genehmigung der Autorin, S. 92, 93, 94, 95, 96, 96f., 118, 124

Wander, Maxie, *Guten Morgen, du Schöne. Protokolle nach Tonband.* Berlin 1977. Suhrkamp Verlag Frankfurt am Main 2007. Alle Rechte bei Susanne Wander, Wien. Abdruck mit freundlicher Genehmigung von Susanne Wander, S. 22, 107, 125

Wilker, Gertrud, *Elegie auf die Zukunft. Ein Lesebuch.* Zusammengestellt von Beatrice Eichmann-Leutenegger und Charles Linsmayer. Mit einem Nachwort von Beatrice Eichmann-Leutenegger. Huber Verlag, Frauenfeld 1990. Abdruck mit freundlicher Genehmigung der Orell Füssli Verlag AG, S. 116

BILDNACHWEIS

akg-images, Berlin: Umschlagfoto (Paul W. John), 36, 41, 45, 51 (Bildarchiv Pisarek), 54, 55, 59 (Bildarchiv Pisarek), 61 rechts (Bildarchiv Pisarek), 72, 75, 78 (Tony Vaccaro), 82 rechts (Tony Vaccaro), 101, 124, 145 (Paul Botzenhardt)

Archiv der deutschen Jugendbewegung, Witzenhausen: 30

Bildarchiv Preußischer Kulturbesitz, Berlin: 47, 57

Bundesbildstelle Berlin: 152 oben

Deutsche Fotothek/SLUB Dresden: 138 (Erich Höhne & Erich Pohl)

Landesarchiv Berlin: 93 (Horst Siegmann)

Stefan Moses, München: 139

picture-alliance, Frankfurt am Main: 6 oben, 17, 20, 33, 46, 82 links, 122 rechts (Paul Almasy), 159 rechts (Jörg Carstensen), 160 rechts (Heinz Unger), 161 (Valery Melnikov)

Süddeutsche Zeitung Photo, München: 65 (Geschwister-Scholl-Archiv), 92, 125, 137 (Christine Strub)

ullstein bild, Berlin: 34 (Robert Sennecke), 85, 98, 122 links (Wolfgang Albrecht), 144 (Sven Simon), 151, Umschlagrückseite oben links (Sven Simon)

Das Foto auf Seite 43 stammt aus Lilli Palmer, *Dicke Lilli – gutes Kind*, 1974 © Carey Harrison, New York und AVA–Autoren- und Verlags-Agentur GmbH, München-Breitbrunn

Alle weiteren Abbildungen stammen aus Privatbesitz oder aus dem Archiv des Insel Verlags.